그는 왜 자기 말만 할까?

그는 왜 자기 말만 할까?

ARE YOU LIVING WITH A
NARCISSIST?

로리 홀먼 Laurie Hollman | 정미현 옮김

유능하고 지적이지만
공감하지 못하는 나르시시스트에게서
자신을 지키는 법

황소걸음
Slow & Steady

나르키소스 신화

강의 신 케피소스가 넘실거리는 물결로 변해 물의 님프 리리오페를 끌어안자, 리리오페는 임신하고 나르키소스를 낳았다. 리리오페는 아기가 얼마나 살 수 있을지 걱정이 되어 테베 출신 맹인 예언자 테이레시아스를 찾아갔다. 테이레시아스는 나르키소스가 "자기 자신만 알지 못한다면 오래 살 것"이라는 수수께끼 같은 예언을 남겼다. 태어날 때부터 사랑스럽고 아름다운 나르키소스는 자만심으로 가득 찬 아이로 자랐다. 나르키소스가 눈부시게 아름다운 소년이 됐을 때 수많은 여자가 사랑을 구했으나, 그는 모두 거절했다.

어느 날 숲에서 사냥하는 나르키소스를 본 님프 에코는

한눈에 반했다. 그러나 에코는 나르키소스에게 한마디도 말을 걸 수 없었다. 헤라가 에코의 수다에 정신이 팔린 사이 제우스가 몰래 바람을 피웠는데, 이 사실을 뒤늦게 알고 화가 난 헤라는 에코에게 절대 먼저 말하지 못하고 상대방이 말을 걸어야 그 말을 따라서 마지막 한마디만 할 수 있는 벌을 내렸기 때문이다.

말을 걸지 못하는 에코는 바위나 나무 뒤에 숨어서 나르키소스를 쫓아다니기만 했다. 그러다 함께 사냥 나온 친구들과 떨어진 나르키소스가 친구들을 찾느라 "어디에 있니?" 하고 소리치자, 에코는 "있니?" 하고 따라 했다. 나르키소스가 주위를 둘러보고 아무도 없어 "왜 나를 피하는 거야?" 하고 소리치자, 에코는 다시 그 말을 따라 했다. 누군가 있다는 것을 눈치챈 나르키소스가 "우리 보자" 하고 소리치자, 에코는 더 참지 못하고 숲에서 나와 나르키소스를 끌어안았다. 깜짝 놀란 나르키소스는 에코를 밀치며 "너 따위에 안기느니 차라리 죽는 게 낫겠다"고 쏘아붙였다. 이 말에 상처를 받은 에코는 숲속으로 달아났다. 그 후 아무도 에코를 보지 못했으며, 목소리만 산에서 울리는 메아리로 들을 수 있다.

나르키소스는 이후로도 수많은 님프와 여인의 애절한

사랑을 잔인하게 뿌리쳐 마음에 상처를 주었다. 그런 님프 중 한 명이 복수의 여신 네메시스를 찾아갔다. 네메시스는 나르키소스도 사랑의 아픔을 겪게 하는 벌을 내렸다.

어느 날 나르키소스는 숲에서 사냥을 하다가 갈증이 나서 샘을 찾았다. 물을 마시기 위해 몸을 굽혔다가 그만 샘물에 비친 자기 모습에 반하고 만다. 물에 비친 자신을 안으려 하면 물속의 형상이 흐려졌다가 손을 떼면 나타나고, 다시 안으려고 하면 사라졌다. 샘을 떠나지 못하고 잡히지 않는 형상에 애달파하던 나르키소스는 자기 모습에 홀린 사실을 깨닫고 절망에 빠져 죽는다. 그 자리에서 하얀 꽃잎에 둘러싸인 노란 수선화 한 송이가 피어났다.

데보라 레스코 베이커Deborah Lesko Baker,
《Narcissus and the Lover 나르키소스와 연인》

CONTENTS

내가 정신분석학자이자 심리치료사로 30년 동안 일하면서 경험한 바에 따르면, 자기애성 성격장애narcissistic personality disorder가 있는 남성 중에는 대단히 야심차고 성공한 사람이 많다. 이 책에서는 이 소집단을 집중적으로 다루며, 자기애성 성격장애가 있는 남성이 어떤 식으로 가족 관계에 치명적인 해를 끼치는지 살펴볼 것이다.

자기애성 성격장애의 해로운 측면을 이해하려면 일단 건강한 자기애를 비롯해 모든 자기애성 행동과 특성을 살펴볼 필요가 있다. 발달선상에서 자기애는 정상 수준부터 병적 수준에 이르는 범주를 포괄한다. 자기애는 건강한 대인 관계를 방해하는 방어적인 자기과잉self-inflation[1]으로 부풀려지기 전에는 남성의 발달 과정에서 가장 중요한 요소로 꼽힌다. 부모가 어떻게 하기에 이토록 부풀린 자기감sense of self[2]이 생길까? 나르시시스트 남성의 배우자가 건강하고 행복한 삶을 영위할 방법은 무엇일까? 부모가 어떻게 하면 자식을 나르시시스트로 키우지 않을 수 있을까? 앞으로 이 질문에 대한 답을 찾아갈 것이다.

자기애는 다양한 가면을 쓴 채 건강한 친분 관계를 곤란에 빠뜨릴 수도 있으므로, 생애주기에서 자기애의 징후를 인지하는 게 도움이 된다. 내가 치료차 만나는 중년 이상의 나르시시스트는 그들이 상처 준 이들의 요구 때문에 나를 찾아온다. 그들의 배우자나 자녀는 상처를 받았고, 나르시시스트 남성들은 가족 관계에서 얻은 걸 송두리째 잃을까 봐 두려워한다. 내 경험상 나이 든 나르시시스트는 여간해

---

1 자신을 적이나 상대방에게 과대하게 드러내는 것으로, 자기팽창이라고도 한다. 자신과 자신의 한계에 대한 현실적 감각이 없다.
2 자신을 이해하는 감각, 즉 자신의 감정이나 어떤 사물이나 행동에 대해 자기만 느끼고 판단하는 것을 말한다.

선 바꾸기 힘들지만, 정서적으로 더 만족스러운 가정생활을 꾸리고 싶다는 바람이 없지 않다.

내가 만난 10대 후반에서 20대 초반의 순한 나르시시스트는 우울과 불안, 자기혐오, 특권 의식이 드러나는 자신의 성향을 인지해서 다행히 스스로 치료법을 모색한다. 자기애적 성향이 있는 젊은 남성은 유사한 특성이 있는 나이 든 남성에 비해 자신의 특성을 분석하는 데 비교적 열린 태도를 보인다.

나이 든 나르시시스트는 과도한 특별함이라는 거짓 페르소나를 쓰고 산 세월이 40년이 넘는 경우가 많다. 대개 그 특별함은 (최소한 부분적으로) 자신이 활동하는 분야에서 거둔 합법적인 성공을 통해 획득한 것이다. 그들은 직업 분야에서 실질적 성공을 거둬 다른 사람들이 면전에서 그를 칭송하는 소리를 끌어내기도 하지만, 뒤에서 딴말이 오가는 걸 알았을 때는 배신감에 빠진다. 부모는 자식이 성장기 초기에 정상적 자기애에서 병적 자기애pathological narcissism로 변하는지 자세히 봐야 한다.

나는 이 책 부록에서 유년기, 즉 생애 첫 3년 안에 나타나는 병적 자기애의 초기 근원에 대해 다룰 것이다. 이 결정적인 시기는 한 사람이 자라서 이성과 관계 맺는 방식을 보여주는 예고편 역할을 한다. 이를테면 엄마와 아기의 정신적 측면 내 다양한 상황 때문에 엄마와 정서적으로 충분히 분리되지 못한 1~2세 유아는 자기애성 문제가 심각한 사람으로 자랄 수도 있다. 유아는 전능감과 거대자신감 grandiosity[3]이 드는 일반적인 순간에 집착하는데, 이는 발달 초기에 나타나는 정상적인 특징이다. 하지만 그 발달 시점에 문제가 생기고 그런 순간이 엄마와 자식 관계에 지나친 영향을 미친다면, 세월이 흐른 뒤 심각한 결과를 초래할 수 있다.

---

3 자신을 실제보다 위대하고 소중한 존재로 생각하는 것. 과대성이라고도 한다.

CHAPTER 01

자기애를 극복한 커플 :
웨이드와 에이바 이야기

"돌보미 좋아하시네!"

에이바가 침실 옷장에서 웨이드의 여행 가방을 끌어내 팽개치며 소리를 빽 질렀다. 언제 어디서나 말을 못 해 안달인 웨이드도 지금은 말문이 막혀 침대 옆에 선 채로 멀뚱히 에이바를 지켜보기만 했다.

"더는 못 참아! 당장 짐 싸서 나가!"

에이바는 이렇게 쏘아붙인 뒤 성큼성큼 걸어 방을 나가버렸다.

"내가 뭘 어쨌다고 그래?"

웨이드가 에이바 등 뒤에 대고 물었다. 에이바가 순식간에 다시 나타났다.

"그 인간이 당신한테 내가 아이 돌보미냐고 물었을 때

당신 뭐라고 했어?"

"난 그냥… '아뇨, 소아과 의삽니다'라고 했지."

"그러고 나선?"

에이바가 씩씩댔다.

"내가 말해줄까? 히죽대며 '근데 딱히 큰 차이는 없죠' 그러고는 둘이서 날 갖고 낄낄대며 아주 신났더라."

에이바는 이웃집 칵테일파티에 갔다가 집으로 돌아오는 길에 자기밖에 모르는 남편과 당분간 별거해야겠다고 마음먹은 참이었다. 나름 성공한 소아과 의사지만, 신경외과 의사인 남편이 남들 앞에서 자기를 비하하는 듯한 기분을 느낀 게 한두 번이 아니다. 웨이드는 집을 나가는 수밖에 없었다. 그러지 않았다간 부부 관계고 뭐고 이대로 끝날 판이었다. 항상 자기가 의학계에서 최고로 성공했다고 느끼는 웨이드는 더 못 참겠다는 에이바의 말과 행동에 충격을 받았다. 결혼 생활에서 처음으로 그의 자기애가 요동쳤기 때문이다.

이쯤에서 웨이드와 에이바가 어떤 사람인지, 그들이 어떻게 부부가 됐는지 살펴보자. 외아들인 웨이드는 집안의 황태자였다. 부모님은 그를 애지중지하며 오냐오냐 키웠고, 특히 아버지가 유난이었다. 웨이드가 세 살 때 부모님이 이혼했다. 어머니는 재혼했고, 새로운 가정에 헌신하느라 아들에게 연락하는 걸 자제했다. 웨이드는 과잉보호하는 아버지 곁에 홀로 남았다.

모든 유아는 정상적인 발달 과정에서 자기애적 단계부터 시작한다. 이 시기에 아이는 어머니의 세상에서 중심에 있는 존재다. 대다수 아이가 성장하면서 자신이 어머니의 삶에서 유일한 존재가 아님을 깨달아간다. 타고난 자기애가 수정되는 현실에 점점 내성이 생기고, 그런 수용력이 자기 정체성의 건강한 측면으로 자리 잡는다.

웨이드는 이런 발달 과정을 거치지 못해서 대다수 아이가 자연스레 벗어나는 유아기적 자기애 단계에 갇혀버렸다. 부모님이 이혼한 뒤 웨이드는 어머니를 거의 보지 못했고 버림받았다고 느꼈다. 어머니가 재혼하고 금세 다른 자식들을 낳았다는 사실을 알았을 때, 심사가 더 복잡해졌다. 새로운 가족과 함께 있는 어머니를 볼 때마다 어머니가 다른 자식들은 엄청 챙기면서 자기에게는 사실상 아무 관심도 주지 않아 상처를 받았다. 어머니의 무시 때문에 아버지에 대한 애착이 더 깊어지고, 의식적인 정서 생활 측면에서 어머니의 중요성은 점점 줄어들었다.

아버지도 곧바로 딸이 둘 있는 여성과 재혼했다. 딸들은 웨이드보다 어렸다. 곧 셋째 딸이 태어났고, 2년이 채 안 돼서 넷째 딸이 태어났다. 웨이드는 순식간에 사랑을 독차지하던 외동아이에서 5남매의 맏이가 됐다.

웨이드의 자기애가 어떻게 발달하고 강화됐는지 이해하려면 이 새로운 가족 구성에서 그의 모습을 살펴봐야 한다. 우선 그는 이제 다섯 아이 중 하나가 됐지만, 나머지 넷은 딸이라 여전히 외아들이고 그의 응석을 받아주는 아버지의 큰 기쁨이었다. 아버지가 웨이드를 금이야 옥이야 키운 이유는 실패한 첫 결혼에 대한 죄책감 때문이기도 하고, 웨이드가 어느 분야에서든 뛰어난 인물이 될 특별한 아이라고 봤기 때문이다.

그들은 줄곧 가족으로 같이 살았지만, 부모와 다섯 아이는 한 지붕 두 가족처럼 보일 때가 많았다. 웨이드와 아버지 그리고 새어머니와 네 딸. 아버지는 딸들에게 다정해도 주인공은 당연히 웨이드였다. 새어머니는 웨이드와 어느 정도 거리를 유지했다. 새어머니의 관심은 딸들에게 쏠려 있었다. 딸들은 어머니에게 다정함이나 관대함을 기대하기 힘들었고, 어머니의 엄격한 지시를 따라야 했다. 혹시 아이들이 말을 듣지 않으면 어머니는 손찌검하고 벌을 줬는데, 웨이드는 예외였다. 아무래도 집안에 남자의 영역과 여자의 영역이 나뉜 분위기였다.

웨이드가 자신을 버린 친어머니에게서 받은 가혹한 자기애적 모욕narcissistic insult[4]을 잘 견딘 건 아버지의 헌신 덕분이다. 그 헌신에는 사랑은 물론 아들의 미래에 대한 믿음과 사회적 지위에 대한 기대가 포함됐다. 웨이드는 아버지와 감정적 유대가 상당히 컸기 때문에 의식적으로 친어머니를 자기 인생에서 중요하지 않은 존재로 평가절하했다. 아버지는 아들이 비상하고 특별하다고 생각했으며, 그 믿음이 웨이드가 저명한 신경외과 의사가 되는 데 큰 몫을 했다.

에이바는 3남 2녀 중 맏딸이다. 어머니는 걸핏하면 화를 내는 사람이어서 에이바는 '눈치껏 가만있는 법'을 일찌감치 터득했다. 착한 딸 에이바는 알아서 집안일을 도왔지만, 작은 구석방에 혼자 있는 시간을 좋아했다. 아버지는

---

4 나쁘게 보이는 것, 지위를 잃는 것, 한계에 부딪히는 것 등 자기상self-image의 위협.

공장 감독으로 열심히 일했고, 긴 하루의 끝에는 항상 기진 맥진했다. 에이바는 과묵한 아버지에 대해 아는 게 별로 없었다. 밤이면 아버지는 TV 앞에서 잠들기 일쑤였다. 살림이 변변치 않아 명품 옷이나 근사한 자동차 같은 건 꿈도 못 꿨다. 가족이 함께 휴가를 간 적도 없어서, 어릴 적 에이바의 기억 속에 가족은 식탁에 둘러앉아 말없이 식사를 마치는 모습뿐이었다.

에이바는 할 일을 열심히 했고, 자기 방에서 보내는 시간에는 주로 공부를 했다. 차석으로 졸업한 에이바는 전액 장학금을 받고 주립대학에 진학했다. 어릴 적 꿈 가운데 하나는 소아과 의사가 되는 것이었다. 생활비를 마련하느라 아르바이트를 하면서도 의과대학을 제때 무사히 마쳤다.

웨이드는 에이바보다 네 살 연상이고, 에이바가 인턴일 때 그는 대형 시립병원의 신경외과 펠로였다. 어느 날 병원 카페에서 웨이드를 만난 에이바는 키 크고 잘생기고 잘나가고 대단히 똑똑한 전문의에게 한눈에 반했다. 그녀가 꿈꿔온 이상형이 눈앞에 나타난 것이다. 웨이드는 고작 30대 초반인데 자기 분야에서 명성을 얻었다.

두 사람이 데이트할 때 그는 모든 분야에서 모르는 게 거의 없었다. 에이바가 어린 시절에 본 남자라고는 과묵한 아버지뿐이었으니, 박학다식한 웨이드는 그녀의 마음을 제대로 사로잡았다. 웨이드는 사람들과 함께 있을 때 그 공간에서 가장 유창하게 지성미를 발산했다.

웨이드는 의예과 성적이 그저 그랬다. 능력이 부족해서가 아니라 어릴 때부터 '세상의 모든 지식을 섭렵하겠다'는 무질서하고 체계적이지 못한 접근 방식이 몸에 배어서다. 그는 집중력이 형편없었다. 웨이드는 이류 의과대학에 합격했는데, 곧바로 문제에 부딪혀 1학년 말에 성적 불량으로 퇴학당하고 말았다.

웨이드는 이 일로 실망해서 기가 꺾이지 않았다. 오히려 자극을 받아 더 야무지게 야망을 키웠다. 학생들이 자기 나름대로 공부할 수 있는 의과대학을 찾아냈고, 이 학교는 웨이드에게 아주 잘 맞았다. 그는 신경과학 분야의 권위 있는 레지던트 과정에 합격할 정도로 뛰어난 실력을 발휘했다. 이어 신경외과 의사로서 특별연구원에 올랐는데, 이는 그가 오로지 자신의 노력으로 첫 실패를 극복했음을 의미한다. 웨이드의 자기애가 더욱 공고해졌다.

웨이드와 에이바의 결혼 생활로 돌아가자. 이들은 신경외과 의사와 소아과 의사로서 상대의 성취를 후하게 평가하는 법을 잘 몰랐다. 웨이드는 외과 의사로서 탁월한 자신의 기량이 소아과 의사인 에이바의 솜씨보다 훨씬 정교하고 뛰어나다고 생각했다. 에이바가 생활비를 벌어가며 공부해서 소아과 의사가 됐지만, 자신의 성취에 비할 바가 아니라고 단정했다. 상대적으로 적은 에이바의 수입과 탄력 근무를 얕잡아봤고, 아내가 일하며 살림하고 가족을 돌보는 걸 고마워하지 않았다.

그들이 처음 만났을 때, 에이바는 인턴이고 웨이드는 펠로였다. 당시 웨이드는 에이바가 인턴으로 주당 100시간 일한다는 것을 자주 잊었고, 그녀의 극심한 피로감을 이해하지 못했다. 에이바는 웨이드의 무심한 면을 대수롭지 않게 넘겼다. 군계일학의 명석함, 광범위한 주제를 섭렵하고자 하는 의지, 오랜 기간 공부하며 의학적 목표를 이루고자 한 열정과 불굴의 노력으로 똘똘 뭉친 모습에 끌렸기 때문이다.

앞서 언급했듯이 에이바는 혼자 힘으로 돈을 벌어가며 의료 수련 과정을 이어가야 했기에, 웨이드가 장기간 광범위하게 수련 과정을 밟는 동안 집에서 지원을 받는다는 사실이 퍽 인상적이었다. 반면에 웨이드는 에이바가 얻은 홀륭한 성과와 환자를 살피러 가정을 방문할 정도로 다정한 품성, 환자에게 공감하는 능력을 깎아내렸다.

웨이드는 자신에게 대단한 찬사가 쏟아지는 직장에 있을 때면 직원들이 각자 업무를 봐야 하는 시간에도 본인의 일상생활을 시시콜콜 이야기하며 사무실 분위기를 들었다 놨다 하느라 많은 시간을 보냈다. 그는 이런 부적절한 행동이 어떤 영향을 끼치는지 전혀 의식하지 못했다. 결과적으로 그는 항상 뒤처졌고, 의료 업무 관련 서류 작업에 체계적이지 못했다.

그런데도 웨이드는 여기저기서 찾는 외과 의사였다. 앞다퉈 모셔 가는 몸이다 보니 칭찬이 듣고 싶은 그의 바람은 당연히 채워졌고, 그는 자신의 가치를 증명하며 돈을 벌기 위해 시간을 쪼개가며 일에 매달렸다. 당연히 에이바와 더욱 소원해졌다. 에이바는 웨이드가 일상생활을 거의 함께하지 못해도(그가 자신의 의료 업무에 대해서 일일이 이야기하는 데 쓰는 시간은 예외다) 가정을 깨지 않기로 한 결정은 고수했다.

웨이드는 여러 사람이 있는 데서 끝없이 자기 이야기를 하는 게 남들을 지겹게 하고, 자신을 소외시킨다는 사실을 이해하지 못했다. 사회적 지위가 이 정도니까 자신은 늘 환영받는 손님이라고 믿었다. 자기인식self-awareness 능력

이 한참 부족한 그의 모습에 에이바는 소름이 끼칠 지경이었다.

자기 앞만 바라보며 경력상의 목표와 야망에 몰두한 웨이드는 자식들이 어릴 때 관계를 쌓아가는 데 소홀했고, 나중에 그 부분을 후회하며 바로잡으려고 애썼다. 아내와 아이들의 관계를 질투하면서도 정작 자기 잘못은 깨닫지 못했다. 퇴근 후 전화기를 붙들고 통화하며 집 안을 걸어 다니는 사이, 아빠의 관심이 필요한 아이들을 무시한 행동이 어째서 공감 능력이 부족한 건지 이해하지 못했다. 웨이드가 뭔가에 몰두하면 아무도 건드릴 수 없었다. 그가 필요한 업무를 다 처리한 뒤에야 아이들은 아빠의 관심을 기대할 수 있었다.

웨이드는 아이들이 엘리트 학교에 다니기를 원했고, 상류층이 사는 동네에 살고 싶었다. 이런 욕망에는 자식을 위한 교육열이 아니라 자신이 인정받고 싶은 마음이 크게 자리했다. 이 기준은 아내와 합의하기 힘든 영역이고, 이 간극이 그에게는 두고두고 유감스러운 부분이었다. 사회적 지위는 웨이드에게 중요한 의미였고, 그는 에이바에게 이 점을 인이 박이게 되새겨줬다.

웨이드는 에이바가 혼자 힘으로 당당히 설 수 있다는 데 적잖이 놀랐다. 별거가 무의식적으로 친어머니에 대한 상실감을 불러일으켰지만, 의식적으로 그 마음을 모르는 척했다. 에이바는 두 사람에게 떨어져 지내는 시간이 꼭 필요하다고 확신했고, 웨이드는 에이바가 돌아오라고 말할 때까지 6개월 동안 아파트에서 혼자 살았다. 그 기간에 에이바는 아이들을 돌봐줄 보모를 고용하고 병원 일을 계속했으며, 결혼 생활을 동등한 관계로 다져갈 방법을 고심하는 데 시간을 보냈다.

아이들이 사춘기에 접어들어 교육 문제가 불거지기 시작했다. 웨이드는 나름 거창한 방식으로 상황을 풀어가리라 마음먹었다. 아이들이 어릴 때 자신이 '곁에 있어주는' 부모가 아니었음을 깨달았으니, 상황을 바로잡는 것이 그의 의무였다. 바로잡는다는 생각은 학업에 임하는 아이들의 독립성을 해치면서까지 간섭하는 것으로 나타났다. 심지어 아이들을 위해 숙제를 해주고, 편법으로 성적을 올리면서도 잘못됐다는 생각을 하지 않았다. 정작 아이들이 배워야 할 것은 가르쳐주지 못한 채 통제하며 아버지에게 의존하는 마음만 키웠다.

에이바는 웨이드의 방식과 교육 태도에 끊임없이 이의

를 제기했고, 이런 상황은 자라나는 아이들의 가치관에 혼동을 줬다. 웨이드는 아이들이 대학교에 간 뒤에도 수시로 통화하고 문자를 보내며 끈끈한 유대 관계를 유지했다. 병원 업무를 잠깐 중단하는 한이 있더라도 아이들의 전화는 바로 받을 정도였다. 그는 아이들이 적절하게 자율성을 키우는 데 자신의 방식이 해가 된다는 생각은 전혀 못 했고, 에이바는 그 상황에 화가 치밀었다. 자신이 주 양육자로 키운 아이들에 대한 통제력을 점점 잃어 엄마의 훈육에 위기가 닥치자 격분할 수밖에 없었다.

웨이드는 자기도취self-absorption 성향 때문에 아이들을 자신의 연장선 같은 존재로 봤고, 아내는 그 영역에서 배제했다. 아내를 집안일 해줄 때 필요한 사람쯤으로 취급했고, 에이바는 가사까지 담당해야 해서 강도 높은 병원 업무에도 지장을 받았다.

에이바가 직장이나 집에서 뒤치다꺼리를 하며 지내는 사이, 웨이드는 의사로서 탁월한 능력을 발휘해 크나큰 자기만족을 얻고 사람들에게 찬사를 받았다. 에이바는 남편의 자기도취 성향과 찬사를 갈구하는 성격에 질려 그에게 흥미를 잃었기 때문에, 두 사람은 성생활이 거의 없다시피 했다. 에이바는 남편이 성취한 부분을 분명히 인정했지만,

웨이드는 아내가 뛰어난 의학적 성과를 내거나 다시 별거 운운하며 으름장을 놓아도 아무런 반응이 없었다. 아이들의 독립심을 키우려는 에이바의 가치관과 아이들을 통제하려고 드는 웨이드의 바람이 부딪쳤다. 이 점이 끝없는 갈등의 원인이었다.

자기 가치관에 대한 에이바의 신념이 점점 확고하고 단호해졌다. 아이들이 온전한 가정에 머무르기 원했기 때문에 절대 이혼은 하지 않으리라 결심했다. 분통 터지는 상황이 끊임없이 이어지자, 에이바는 주기적으로 웨이드의 곁을 떠나는 것을 해결책으로 삼았다. 에이바는 마음의 평안을 찾기 위해 혼자 시간을 보내러 떠났다. 이렇게 하면 감정적으로 폭발하는 걸 피할 수 있었다.

이런저런 사건이 많던 어느 주말에 에이바는 혼자 스파에 가버렸고, 이 일로 웨이드의 자존심에 크게 금이 갔다. 에이바는 설령 두 사람이 결국 외로워지는 한이 있어도 일단 자신에게 필요한 걸 하고픈 마음이 간절했고, 웨이드는 아내의 이런 마음을 도저히 이해할 수 없었다. 에이바는 두 사람의 동반자 관계보다 홀로서기를 점점 더 선호했다.

아이들은 자신이 원하는 걸 누가 주느냐에 따라 엄마나 아버지와 번갈아 동맹을 맺었다. 아이들은 아버지가 그들의 자기중심적인 관심사를 지원해주는 데 어마어마한 돈을 쓸 거라 기대했고, 자식을 자기애적이고 자기 생각만 하는 아이로 키우는 아버지 밑에서 응석받이가 됐다.

에이바는 아이들이 사춘기일 때 웨이드에게 부부 치료를 받아보자고 제안했다. 두 사람이 나와 함께 치료를 시작하자, 웨이드는 곧바로 치료실에서 거만한 태도를 보였다. 그는 말 그대로 치료실을 장악했다. 큼직한 외투와 청진기를 소파에 턱 걸쳐두더니, 에이바의 목소리를 차단하려는 듯 쉴 새 없이 떠들어댔다. 그래서 부부가 따로 받는 개별 치료로 바꿨다.

개별 치료를 하면서 두 사람의 결혼 생활이 눈에 띄게 좋아졌다. 웨이드는 에이바의 동의 없이 준비하던 거창하고 비싼 여행에 에이바가 원하는 부분도 포함하는 법을 배워갔다. 그가 독단적으로 준비하는 여행은 줄곧 불화의 원인이었다. 이제 그는 아내의 바람을 수용하는 쪽으로 행동에 변화를 줬지만, 이게 왜 중요한지 이해하지 못했다. 웨이드는 자기가 어디로 가고 싶으면 당연히 아내도 그럴 거라 생각했다. 자기 계획에 아내를 포함하는 이면의 의미를 딱히 이해하지 못해도 부부 관계를 개선하기 위해 나의 권고를 따랐다.

그는 아내의 요구에 흠을 잡았고, 아내가 '제정신이 아닌' 사람이라고 생각했다. 주말이면 응당 콘서트장이나 영화관, 연극 공연장, 박물관을 부지런히 돌아다녀도 모자랄 판에 가만히 쉬고 싶다니 도무지 이해가 안 됐다. 부부 사이에 대판 싸우는 일이 끊이지 않는 사이, 웨이드는 나와 진행하는 치료를 통해 이 골치 아픈 집안 상황에서 어느 정도 평정을 되찾기 바랐다.

키가 크고 건장한 웨이드는 눈에 잘 띄는 사람이다. 심리 치료 때 그는 새어머니와 아버지를 포함한 가족을 극찬하고 이상화했다. 웨이드의 부모님이 택한 자녀 양육 방식에는 큰 결함이 있었고, 결과적으로 문제가 불거졌는데도 그는 이 사실을 무시했다. 그는 다른 한편으로 에이바의 가난한 집안 배경을 깎아내렸다. 에이바의 형제자매들이 역경을 극복하고 거둔 성취는 그가 고려할 사항이 아니었다. 에이바도 매력적인 여성이다. 웨이드는 키가 크고 늘씬한 그녀를 제대로 평가하지도, 이해하지도 않았다. 지역에서 인기 있는 에이바의 진가를 전혀 알지 못했다.

이런 두 사람을 결국 하나로 묶어준 힘은 무엇일까? 두 사람 모두 상대방이 충실한 동반자라는 믿음이 있었다. 의견 충돌이 끊이지 않지만, 그들은 아이들을 깊이 사랑하고 가정생활을 신성시했다.

자기애가 기폭제가 되어 이끌린 많은 커플처럼 두 사람도 서로 사랑하고, 상대의 행복에 마음을 쓰고(웨이드가 할 수 있는 한도까지), 수년간 치료적 개입을 통해 상대의 결점과 근심거리를 인지하고 인정했다. 웨이드는 비록 아내에 대한 공감에 결함이 많아도 분명 성실한 부양자이자 남편이다. 에이바는 희생하는 데 익숙해졌지만, 남편의 무시를 이겨내는 놀라운 유머 감각을 잃지 않았다.

이 부부의 심리치료는 실질적인 변화로 이어졌다.

CHAPTER 02

성공한 나르시시스트
남성의 특징

나르시시즘narcissism은 샘물에 비친 자기 모습을 보고 사랑에 빠진 그리스신화의 미소년 나르키소스에서 유래했다. 어느 환자가 말했다. "지금 내가 하는 얘기는 다른 사람이 아니라 나에 대한 거요. 바로 나, 나 말입니다." 이런 태도는 나르시시스트의 과장된 자기인식을 보여준다.

그들은 자기가 중요한 인물이고, 꼭 육체적인 매력이 아니라도 사교나 학문, 직업 등 모든 측면에서 매력이 넘친다고 생각한다. 그렇기에 남들이 자기를 중요하게 여기지 않거나 호의적으로 대하지 않는 걸 이해하지 못한다. 그들은 자기가 인식하는 자신과 타인이 보는 자신의 괴리로 무척 혼란스럽고 괴로워한다. 타인의 관점은 나르시시스트의 자기상에 중요한 역할을 하기 때문이다.

내가 정신분석학자이자 심리치료사로서 30년간 겪어보니, 나르시시스트 남성에게 몇 가지 특성이 있다. 그들은 직업적으로 대단히 성공했고, 그 점이 남들에게 매력 포인트로 작용한다. 자신을 높이 평가하며, 자신이 찬사를 받아 마땅하다고 느낀다. 내가 연구한 나르시시스트 남성은 전반적으로 상당히 부유하고 구매력이 높다. 그들은 겉보기에 성공했지만, 깊은 우울감에 시달리기 때문에 심리치료를 받으러 온다. 치료받지 않으면 떠나겠다는 아내의 협박에 상담소를 찾기도 한다. 자녀와 관계가 불안정하고, 아내와 자녀의 긍정적인 관계를 시기하는 경우가 많다.

자기애성 성격장애가 있는 남성 개개인에게 자기애적 특징이 한꺼번에 전부 나타나지는 않지만, 한 그룹으로 보면 다음 특징이 모두 드러난다. 《정신질환의 진단 및 통계 편람 Diagnostic and Statistical Manual of Mental Disorders, DSM》[5] 5판

---

5 미국정신의학회American Psychiatric Association, APA에서 공식적으로 사용하는 정신질환 진단 분류 체계. 세계보건기구World Health Organization, WHO가 공인한 국제 질병 분류international classification of diseases, ICD와 함께 세계적으로 가장 널리 사용되는 정신질환 진단 분류 체계다. 2013년에 다섯 번째 개정판이 출간됐다.

에 따르면, 자기애성 성격장애 기준을 충족하는 사람 가운데 50~70퍼센트가 남성이다. 자기애성 성격장애가 있는 사람에게 일반적으로 나타나는 16가지 특징은 다음과 같다.

1 대화의 주제는 오로지 자신이다

자기애성 성격장애가 있는 사람은 거의 항상 자기에 대해 생각하고 말하는 경향이 있다. 그는 자신의 외모와 부, 재능, 업적 등을 무척 의식하고, 자기가 이야기할 때 상대방이 주목해주기를 기대한다. 그의 의견은 과장되거나 지나치게 강조되는 편이며, 딱히 그의 삶 전반을 정확하게 반영하지도 않는다. 현실에 근거한 의견이라도 그의 말과 사연은 끝없이 반복된다.

그와 가까운 환경에 속한 사람들은 새로운 사람이 등장할 때마다 그의 이야기를 듣고 또 들을 수밖에 없다. 반복되는 이야기를 들어주기는 여간 고역이 아닌데, 정작 나르시시스트 본인은 함께 있는 모든 사람을 즐겁게 해준다고 철석같이 믿는다. 남들이 예의를 차리느라 그의 이야기를 듣는다고는 추호도 의심하지 않는다. 주변 사람에게 거의 관심이 없기 때문이다. 혹시 다른 사람들의 생각이나 기분이 어떤지 물어본다면 극히 드문 일이다.

그들은 자기중심적이고 공감 능력이 부족해서 다른 사람의 요구나 감정을 인지할 수도, 이해할 수도 없다. 자기에게 공감 능력이 없다는 생각을 못 하기 때문이다. 직장에서는 판에 박힌 대응이라도 하지만, 사적으로 아는 사이라면 그들은 상대방의 감정과 신념 따위 안중에도 없다.

2 최고에 대한 환상이 있다

자기애성 성격장애가 있는 사람의 마음에는 성공, 권력, 탁월함, 아름다움, 완벽한 짝에 대한 환상이 가득하다. 그의 머릿속은 이런 상상으로 충만해서, 자신은 집이나 차나 옷이나 모든 면에서 가장 좋은 것을 누려야 한다고 생각한다. 의료 서비스 수준이나 학군처럼 자신의 사회적 지위를 확인하게 해주는 것도 예외가 아니다.

이런 바람이나 환상은 나르시시스트가 자기 내면의 공허함과 수치심을 밀어내는 방법이기도 하다. 결함이 있고 무가치한 존재라는 기분은 막아내면서 자신이 특별하고 평정심을 잃지 않는 사람이라고 느끼려는 방어기제라는 말이다.

이제 막 나르시시스트 대열에 들어선 젊은 층은 남들의 칭찬에 목마른 내면의 허함을 설명하고 이를 탐색하는 데 좀 더 열린 태도를 보인다. 나이 든 남성은 일단 이런 탐색을 인정하지 않는다. 자기애가 강한 남성은 현실에 발 딛고 있는 경우가 거의 없기 때문이다. 그들은 환상이 이뤄지지 않을 때 어마어마한 좌절과 분노를 경험한다.

자기애성 성격장애가 있는 남성은 자존감self-importance이 하늘을 찔러서, 남들보다 우월하다고 느끼거나 자신은 위대한 사람들과 늘 함께해야 마땅하다고 생각한다. 특별한 사람들이 자신을 진정으로 이해할 수 있으며, 그런 이들이야말로 주변에 두고 싶은 사람이라고 믿는다. 우월감을 유지하기 위해서는 그게 사실이든 상상의 산물이든 남들의 결함에 집중해 그들을 깎아내리는 쪽을 택한다. 나르시시스트에게는 이 방법이 자신의 결점을 숨기고 투사하기에 효과적이며, 자기상을 보호하기에도 제격이다.

나르시시스트의 이야기를 듣는 상대나 이야기의 대상이 되는 이들이 그가 하는 말의 진실성에 의문을 제기한다면,

나르시시스트의 신념이 아니라 그의 이야기를 듣는 상대
방 혹은 이야기 대상의 신념을 깎아내리거나 어떻게든 꼬
투리를 잡는 상황이 연출된다. 나르시시스트의 대단한 설
득력이 그렇게 만들기 때문이다.

3 끊임없는 칭찬이 필요하다

나르시시스트는 겉으로 자신감이 넘쳐도 자존감self-
esteem[6]이 견고하지 않아서, 쉽게 상처 받고 불안해하는 경
우가 많다. 끊임없이 자신을 북돋기 위해 지속적인 관심과
칭찬, 찬사를 기대하고 요구하며, 찬사받을 업적이 없을 때
조차 우월한 사람으로 인정받기를 기대하기도 한다.

나르시시스트는 자기감에 관한 한 내적으로 연약하기
때문에 부당하다고 느끼는 비판에 극도로 반발한다. 그들

---

6 자신의 능력과 가치에 대한 전반적인 평가와 태도. 자신에 대한
존엄성이 타인들의 외적인 인정이나 칭찬이 아니라 자신 내부의
성숙된 사고와 가치에 의해 얻어지는 개인의 의식을 말한다.

내면 깊숙이 자리한 불안감이나 흠결을 집중 조명하는 어떤 의견이 나올라치면 자기애적 분노narcissistic rage가 곧바로 분출되기 때문에, 말을 꺼낸 사람은 거짓말로 무마하거나 대화를 완전히 다른 방향으로 틀 수밖에 없다.

4 특권 의식을 느낀다

자기애성 성격장애가 있는 사람은 남들이 자신에게 특혜를 제공해야 하며, 자신의 요구를 군말 없이 즉시 이행해야 한다고 믿는다. 그런 대우를 받지 못하면 초조해하며 화를 내거나, 남들을 완전히 무시하는 수동공격passive-aggressive[7]을 한다. 그들 눈에 타인은 원래 자신의 요구에 따르는 존재로 보일 뿐, 타인의 필요와 바람 따위는 안중에도 없기 때문이다.

이런 행태는 자신이 세상의 중심이 아니라는 걸 배운 적

---

[7] 공격성을 수동적으로 표현하는 것. 부루퉁하거나, 고집을 피우거나, 꾸물거리는 등 일을 수동적으로 방해한다.

이 없고, 남들이 자신의 요구를 즉각 들어주지 않으면 발끈하는 아이와 닮았다. 나르시시스트는 어릴 때 지나치게 요구 사항이 많고, 툭하면 성질을 부리고 끊임없이 관심을 요구하는 경우도 많다.

5 남을 이용한다

많은 사람이 나르시시스트에게 자석처럼 끌린다. 사람들은 나르시시스트가 매력적이고 카리스마 있고 흥미로운 사람이라고 생각하며, 그런 사람과 삶을 나누고 싶어 한다. 나르시시스트가 기대한 결과가 바로 이것이다.

자기애성 성격장애가 있는 사람이 원하는 일을 남에게 시키기는 별로 어려운 문제가 아니다. 그는 쉽게 싫증을 내고, 놀 거리를 줄기차게 찾아다닌다. 파트너가 동참하기를 원하든 말든 개의치 않는다. 파트너는 대개 져주고, 나르시시스트가 가고 싶어 하는 곳에 따라간다. 이렇게 맞춰주지 않으면 나르시시스트는 수동공격 태세로 그 일을 내내 곱씹으며 싫은 기색을 보일 게 뻔하다. 나르시시스트는 자신의 요구가 충족되지 않는 경우, 남들을 이용하는 데 전혀

거리낌이 없다. 타인의 기분이나 이해관계를 헤아릴 마음
도 없다.

결과적으로 나르시시스트는 친구 관계에 잡음이 끊이
지 않고, 연애는 단기간에 끝나거나 길게 가더라도 늘 미심
쩍은 구석이 따라다닌다. 혹시 그들이 오래된 인간관계를
유지한다 해도 배우자나 친구의 신의를 저버리기는 시간
문제다. 상대에게 걸리지 않았을 뿐, 그들은 별다른 양심의
가책 없이 속이고 거짓말을 일삼는다.

6 남을 시기한다

질투는 자기애성 성격장애의 또 다른 흔한 증상이다.
자존감이 낮고 남들보다 우월해야 한다는 마음이 간절하
다 보니, 나르시시스트는 어떤 물건이나 사회적 지위, 찬
사 등 자기에게 없는 것을 손에 넣은 사람을 위협의 대상
으로 본다. 그는 자신이 마음먹었을 때 원하는 모든 걸 왜
가질 수 없는지 이해 못 하고, 마땅히 자기 몫이라고 느끼
는 보상을 얻는 데 방해꾼으로 보이는 이들에게 복수심을
불태운다. 남들이 자신을 시기한다고 믿기도 한다.

나르시시스트가 원하는 게 정확히 이런 종류의 관심인데, 한편으로 그가 남들에게 시기심이라는 혐의를 씌울 때는 이로 인해 인간관계가 결국 깨지거나 상대방이 혼란에 빠지고 만다. 그를 믿던 상대방은 애먼 혐의를 받아 억울한 처지가 된다.

7 관심의 중심에 있는 것을 즐긴다

나르시시스트는 끊임없이 칭찬을 들어야 한다. 낮은 자존감을 충족하기 위해서다. 아이러니하게 남에 대한 우월감도 있어서 관심에 목말라 하고, 틈만 나면 효과적으로 주목받을 수 있는 방법을 모색한다. 나르시시스트는 대화를 장악한다. 어떻게든 자기 이야기를 해야 한다는 의무감에 지식과 성취를 과장한다.

나르시시스트는 잘난 체하고 낯이 두꺼운 유형(후피형 thick-skinned narcissist)이나 상처 받기 쉽고 민감한 유형(박피형thin-skinned narcissist)처럼 다른 여러 가지 특징이 두드러지는 부류가 있다. 관심을 갈구하고, 거침없는 화법으로 거만함과 자기애, 특권 의식을 표출해서 관심을 얻는 부류는 과대형grandiose 나르시시스트다. 취약형vulnerable 나르시시스트는 자신과 어울릴 자격이 있다고 느끼는 우월한 부류 사람에게 찬사와 인정을 받지 못할까 봐 전전긍긍하는 특징을 보인다.

8 공감 능력이 부족하다

앞서 언급했듯이 나르시시스트는 대개 공감 능력이 부족하다. 그는 타인에게 감정을 이입할 줄 모르거나, 남들도 각자 힘든 일이 있다는 걸 이해할 능력이 없다. 타인의 힘든 사정을 인지하더라도 어째서 그들이 나르시시스트의 요구에 맞춰 변하지 않는지 의아해한다.

나르시시스트는 다른 사람의 요구와 감정을 인지할 능력이 없거나 부족하다. 남들이 왜 자신의 관점으로 봐주지 않는지 이해하지 못한다. 자기애성 성격장애가 있는 사람이 가끔 합리적으로 보일 때가 있는데, 그러다가도 이내 무신경한 말을 내뱉어 화를 돋운다.

9 야망이 끝이 없다

살면서 목표나 야망을 품는 건 좋은 일이지만, 나르시시스트는 자기 꿈을 세상의 중심에 두고 자신이 원하는 바를 남들도 원하기를 기대한다. 그는 우월감이 강하고, 남들이 자기를 특별하게 여긴다고 믿고 싶어서 끝없이 야심을 키운다. 나르시시스트는 최고 역량을 발휘하는 것은 물론 최고가 되는 것에 대한 환상이 있고, 능력이 부족할 때 격분하거나 깊은 실망감에 빠져 자신에 대해 우울하고 부정적인 생각을 하는 지경에 이르기도 한다. 그러면 어떻게 자신의 영향력이나 외모나 부가 자신이 생각하는 기대나 자격에 미치지 못하는지에 골몰한다.

이런 특권 의식과 우월감이 그가 '사회적 지위가 높은' 사람들과 인맥을 쌓으려 하고, 신분 상징(좋은 차, 좋은 집 등)에 강박적으로 매달리는 이유다. 같은 특권층 클럽의 일원이 아닌 사람을 비하하는 이유이기도 하다. 클럽 이야기는 비유가 아니다. 그는 실제로 일류 클럽 회원이 되기 위해 애쓴다. 나르시시스트는 능력이 부족할 때 큰 충격을 받고 분노하며, 자신의 딜레마에서 빠져나오기까지 오래 걸린다.

10 굉장히 불안정하다

나르시시스트를 처음 만나면 아주 매력적이고 특권 의식과 자신감이 있다는 인상을 받기 때문에 언뜻 직관에 반하는 소리 같지만, 자기애에 사로잡힌 사람은 대개 믿기지 않을 만큼 불안정하다. 그는 남들을 깎아내려야 직성이 풀린다. 그는 거짓말하는 사람(의리 없는 친구나 동료)을 종종 거론하는데, 그가 무의식적으로 부인하는 바로 그 특징을 자신도 드러낸다.

과대형 나르시시스트는 거침없는 반면, 취약형 나르시시스트는 내향적이다. 취약형 나르시시스트의 불안은 자신이 정말 특별하고 유일무이한 존재인지 내적으로 의문을 품는 데서 기인하는 듯하다. 그는 남들에게 긍정적인 확인을 구하고, 인정에 크게 의지할 것이다. 자기가 보기에 우월한 사람들의 관심을 얻는 방법을 알아내기 위해 수시로 전략을 세우고, '핵심 그룹'에 들어가는 방법을 궁리하느라 진을 뺀다. 인맥 쌓기는 일상생활의 일부다. 그는 자기가 인정한 훌륭한 이들에게 늘 확인받고 싶어 한다.

11 눈에 띄게 매력적이다

　나르시시스트의 첫인상은 매력적이고 자신감이 넘치는 사람이다. 하지만 관계가 발전하다가 그가 더는 그런 사람으로 인식되지 않으면 남을 깎아내리는 공격적인 사람으로 돌변하기도 한다. 그는 충동적으로 험담을 하는데, 이런 행동으로 결국 남들에게 거부당할 거라고 생각하지 않는다. 그는 권력과 지도력을 행사하는 자리를 탐색하다가 남들을 조종해 자신이 원하는 바를 손에 넣기 위해 '매력을 발산'할 것이다.

　사람들은 처음에 나르시시스트의 자신감과 매력에 끌리다가도, 점차 그가 의심스럽게 굴고 관심을 얻고자 남을 속인다는 걸 알아차린다. 자신감은 매력으로 작용한다. 성공한 리더는 보통 사람보다 자기주장이 강하고 요구 사항이 많은 편이다. 나르시시스트는 지지자 수가 기대에 미치지 않을 때, 현실을 부정하고 불같이 화를 낸다. 그는 전략적으로 일군 인적 네트워크가 있으니 자신이 대단한 인기인이 되리라 기대하다가, 현실이 그렇지 않을 때 극도로 우울감에 빠진다.

12 경쟁심이 지나치다

나르시시스트의 세계관에는 오로지 승자와 패자가 존재한다. 그는 사람들을 교묘하게 다루면 자기를 싫어할 수도 있다는 걸 깨닫지 못한 채, 그저 승자 그룹에 속하고자 온힘을 다한다. 그는 다른 모든 사람보다 우월하고 승자여야하므로 남의 성공을 받아들일 줄 모른다.

어쩌다 무심코 자신을 취약한 상황에 몰아넣기도 한다. 적수보다 우위에 있지 못하다고 느끼는 상황 말이다. 그에게 남은 적수일 뿐, 자기와 비슷한 목표와 야망을 품은 사람이 아니다. 전승 아니면 전패가 있는 세상에 살다 보니 패배를 맛보면 우울감에 시달린다.

13 뒤끝이 길다

나르시시스트는 겉보기에 자신감이 넘치고 남의 생각에 연연하지 않는 사람 같지만, 극도로 민감하고 자신의 이상적인 이미지를 유지하는 데 목숨을 건다. 자신을 모욕하는 이에게는 복수심을 품고, 그들의 의견에 어깃장을 놓으며,

그들이 원하는 건 주지 않고 버틴다. 비판을 듣거나 자신이 요구한 걸 얻지 못하면 이를 사적인 공격이나 도전으로 받아들여서 지독한 원한을 품는다. 무시당하거나 버림받았다고 느끼면 좀처럼 극복하지 못한다.

괴롭힘을 당하고 부당한 대우를 받는다고 느끼면 이 감정을 오랜 세월 고스란히 간직한 채 상대방을 필사적으로 깎아내린다. 자신에게 이런 감정을 안긴 사람과 대화를 나누고 싶다고 말할 때도 있지만, 실질적인 대화의 장을 열 수가 없다. 그가 타인의 관점을 이해하지 못하기 때문이다. 혹시 누가 나르시시스트의 관점을 이해해도 정작 그의 요구를 충족하기 위해 행동을 취하지 않는다면, 그는 불쾌해하고 무시당하는 기분에 상대방을 응징하려 든다.

14 비판을 용납하지 못한다

살다 보면 누구나 일이 자기 뜻대로 흘러가지 않아 좌절하거나, 비판을 듣는 게 힘든 시기를 겪는다. 이는 자연스럽고 인간적인 과정이다. 나르시시스트에게는 잘못을 논한다는 게 도저히 있을 수 없는 일이다. 그는 뜻대로 되지 않는 일에 대처하는 데 어려움을 겪고, 자신이 잘못한 것을 인정하는 데 애를 먹는다. 그러다 보니 아무리 건설적인 비판이라도 받아들이기 힘들다. 그는 비판한 이가 자기를 패자로 만든 장본인이라 여기고, 자신은 패자가 될 이유가 전혀 없다며 억울해한다.

나르시시스트는 모욕을 견디지 못한다. 다시 마음을 추스르고 경쟁의 장으로 돌아가려면 혼자 지낼 충분한 공간이 필요하다. 비판을 들으면 감정이 폭발해 남을 인정사정 없이 비난하고, 소리 지르고, 울부짖는다. 그와 가깝고 그를 아끼는 사람을 헐뜯기도 한다.

15 지루함을 느끼지 않으려고 항상 바쁘게 지낸다

나르시시스트는 콘서트며, 연극이며, 값비싼 저녁 식사자리며, 고급 파티에 참석하라고 남들을 몰아붙인다. 한가하게 있을 수 없어서다. 한가하다는 건 그가 자신의 믿음만큼 우월하지 않을지도 모른다는 내면의 긴장을 느끼기 때문이다. 사람들은 뭔가 '할 일'을 들이미는 이런 지속적인 압박을 싫어하지만, 나르시시스트는 내면의 고군분투를 잠깐 중단하는 외에는 혼자 느긋이 쉬거나 여유를 즐길 줄 모른다.

여기저기 여행할 때는 자신이 비행기나 호텔도 최고를 누릴 자격이 있다고 느낀다. 경제적 여유가 있는 부류는 비즈니스석 이용을 고집하는 것으로 여행과 관련한 내면의 욕구를 충족한다.

16 자신이 모든 걸 통제해야 한다

나르시시스트는 남을 통제하고 싶어 하는 사람이라, 항상 이끄는 자리에 선다. 그는 나서서 모든 여행 계획을 짜고, 모든 약속 일정을 잡으며 자기 무리를 이끈다. 이런 행동이 남에게 폐가 되거나 말거나 신경 쓰지 않는다. 남의 요구가 얼마나 희생되건 자신이 리더의 위치를 당연시한다는 걸 인식하지 못한다.

그는 남의 감정이나 어떤 대안도 생각하지 않고 혼자 계획을 주도하면서 남을 자신의 통제 아래 둔다. 그의 목표가 모든 사람의 마음에 최우선 순위로 확실히 자리하도록 줄기차게 문자메시지를 보내고 전화한다. 남들은 하던 일도

접고 이 연락을 받아야 하고, 그들이 이걸 중요한 일정으로 여기기를 기대한다. 그는 어떤 공허감이나 권태도 느낄 틈을 주지 않으려고 불철주야 바쁘게 지낸다.

그는 자기 전문 분야에서 대단한 친절을 베풀기도 한다. 이는 남을 깊이 아끼는 마음이 아니라 자신이 능력 있고 괜찮은 사람으로 여겨지기 위해서 하는 행동이다. 그는 열성 팬을 이런 식으로 끌어모은다. 남이 자기를 알아주는지 항상 예의 주시한다. 그는 자신을 비범한 존재로 보기 때문에 남들의 계획을 쥐락펴락하는 건 당연하다. 그는 중심에 선 인물이고, 남들도 자신을 그렇게 보기를 요구하고 기대한다. 그는 가정에서 가장 중요한 사람이며, 어디를 가나 최고경영자이고 실무 총책이어야 한다.

그는 아버지나 남편으로서 중요성이 부각되는 날이나 생일에는 자신에게 박수갈채를 보낼 사람이 모이길 기대한다. 그는 좌중의 중심에서 모임을 주도한다. 자기에게 주도권을 주지 않거나 모든 요구를 맞춰주지 않는 사람에게는 성난 눈빛을 쏘아준다. 대단히 부자인 부모를 대동하고 장난감 가게에 온 아이 같다.

나르시시스트는 자신을 스타로 여긴다. 많은 사람이 자기 때문에 모였어도 아무렇지 않게 자리를 뜬다. 혹시 남들이 실망하는 기색이 느껴져도 가볍게 묵살한다. 아이러니하게도 그 자리에 온 손님들은 그의 처신에 순순히 따르고, 자칭 스타라는 이 사람을 실망시키면 안 된다고 느끼는 경우가 많다. 자신이 관심의 중심에 있어야 하는 나르시시스트의 계획에 따라 상황이 흘러가지 않으면 도리어 손님들이 나서서 인정사정없이 자책하고 자기를 몰아세우기 급급해하는 장면이 연출되기도 한다.

나르시시스트는 배를 몰고 가는 선장이고, 손님들은 그의 위대함을 열렬히 증언하는 충실한 승객에 불과하다. 나르시시스트는 선물과 대화로 시동을 걸어 사람들을 교묘히 다루지만, 그의 종착지는 세상의 중심인 자신이다.

자기애성 성격장애 진단 기준

《정신질환의 진단 및 통계 편람》5판에 따르면, 자기애성 성격장애는 (공상이나 행동 측면에서) 거대자신감과 칭찬에 대한 욕구, 공감 결여 등 광범위한 양상이 성인기 초기에 시작되어 다양한 상황에서 나타나고, 다음 중 다섯 가지 이상 항목을 충족한다.

❶ 자신의 중요성에 대한 인식이 지나치다.

(예 : 성취와 재능을 과장한다. 부합하는 성취가 없는데도 뛰어난 사람으로 인정받기를 기대한다.)

❷ 무한한 성공, 권력, 탁월함, 아름다움 혹은 이상적인 사랑 같은 공상에 몰두한다.

❸ 자신은 특별하고 독특한 사람이며, 높은 지위에 있거나 특별한 다른 사람(혹은 기관)이 자신을 이해할 수 있고, 자신이 그런 사람들과 어울려야 한다고 믿는다.

❹ 지나친 찬사를 요구한다.

❺ 특권 의식이 있다.

(예 : 특별히 호의적인 대우를 기대하거나, 남들이 자신의 기대를 즉각 따르기 바라는 불합리한 태도를 보인다.)

❻ 대인 관계에서 착취적이다.

(예 : 자신의 목적을 달성하기 위해 타인을 이용한다.)

❼ 공감 능력이 없다 : 타인의 감정과 요구를 인정하거나 확인하고 싶어 하지 않는다.

❽ 타인을 자주 시기하거나, 타인이 자신을 시기한다고 믿는다.

❾ 거만하고 건방진 행동이나 태도를 보인다.

CHAPTER 03

자기애가 만든 파괴적 공생 관계 :

클라이브와 로라 이야기

두 사람은 대학 시절 아파트 근처 빨래방에서 만났다. 클라이브는 공감을 잘하고 감수성이 풍부하며 남을 잘 신뢰하는 로라의 성격에 처음부터 끌렸다. 클라이브는 몇 번 데이트한 뒤 로라와 특별한 관계가 되려고 노력했다. 그가 로라를 무척 좋아하는 분위기였다. 로라는 자신이 클라이브의 눈에 특별한 존재로 비친다고 믿었고, 악성 나르시시스트인 클라이브는 로라에게서 자신의 칭찬과 복종 요구를 충족하는 데 필요한 초민감자empath[8]의 모습을 발견했다.

---

8 공감 능력이 지나쳐 타인의 감정을 내 것으로 느끼는 사람.

로라는 상당히 지적이고 유능한 여성이지만, 흠잡는 게 예사인 아버지와 자기애가 강한 어머니 밑에서 살다 보니 마음속에 자기회의self-doubt가 들어찼다. 명문 대학교 입학 허가를 받고도 집을 떠나 자신의 재능을 키우는 게 두려워서 가지 못했다. 로라는 무의식에 자리한 열의를 감지하지 못한 채 클라이브에 대한 애착만 키웠다. 자기가 아니라 그의 소망과 꿈을 중요하게 여겼다.

로라의 어머니는 매사에 자신을 가장 중요시했다. 살림은 잘하나 외모에 집착하고, 뭔가에 쉽게 빠지는 편이었다. 육체노동을 하는 아버지는 근면 성실하지만, 걸핏하면 딸을 무례하게 대했다. 어머니는 딸에게 오빠가 더 똑똑하고 장래가 촉망되는 아이라고 못 박았다.

로라는 어린 시절 이런 메시지를 받고 자라서, 자신의 능력을 제대로 평가할 줄 몰랐다. 그래서 자신만만하고 어디서든 분위기를 장악하며 관심을 끌 줄 아는 클라이브를 만났을 때 난생처음 아주 특별해지는 기분이었다. 그 당당한 외양을 뽐내는 사람의 일부가 된다니, 마법에 빠진 것 같았다. 누군가 그녀를 받아들이고 그녀만 바란다는 느낌은 이전에 경험해보지 못했기 때문이다. 로라는 어머니의 자기중심적인 자기도취 성향을 그저 받아들였듯이 클라이브의 자기애적 욕구를 받아들였다.

클라이브는 부모가 맹목적인 사랑을 쏟아부어 만들어낸 총아다. 부모는 세 아들 가운데 유난히 장남 클라이브만 예뻐했고, 필적할 만한 또래가 없을 정도로 특출하다며 아들을 다양한 경험의 장으로 안내해 눈에 띄는 성과를 얻었다. 부모의 집안과 클라이브의 비범한 성취가 작용해 그의 거대자신감은 하늘을 찔렀다.

클라이브는 감정 조작자emotional manipulator로서 로라를 이끌고 통제해 자기확대self-aggrandizement와 유아적 과대성으로 충만한 자신의 여정에 끌어들였다. 어린 시절 오빠의 우수한 재능 때문에 열등감에 시달린 로라 입장에서 매사 자신만만하고 당당한 클라이브가 선택한 사람이 된다는 건 확실히 색다른 기분이 드는 경험이었다. 클라이브의 자기애적 특성이 작동해 그의 눈에 로라가 매력적인 선택지로 들어온 셈이다. 로라는 퍼주고, 희생하고, 수동적으로 굴면서 편안하게 여기는 타입이다. 그녀는 통제하는 방법을 아는 사람과 함께 있으면 편안했다.

로라는 상대방에게 강인하고 안정감과 통제력이 있고 우세하다는 느낌을 주는 파트너이므로, 클라이브는 그녀에게 끌릴 수밖에 없었다. 로라는 그에게 헌신과 찬사와 사

랑을 아낌없이 쏟았고, 이에 힘입어 클라이브는 관심의 중심에 서고 동경의 대상이 되고 둘의 관계에서 주도권자가 돼야 하는 욕구를 충족했다. 로라는 처음에 클라이브의 노골적인 자만심을 즐기며 그의 훌륭함을 전하는 메신저가 되길 자처했다. 로라는 클라이브의 능력을 과대하게 인식해서 결정적인 지지자 역을 맡았다. 클라이브는 로라와 함께 있을 때 자신이 완전하다고 느꼈다.

업계 최고의 개인 상해 전문 변호사가 되고 싶어 한 클라이브는 바람대로 승승장구했다. 거대자신감과 전능감 같은 나르시시스트의 특성을 충족하려면 뛰어난 업무 성과가 필수다. 이런 업적은 자기집중과 자기도취, 자기과시, 지칠 줄 모르는 노력을 필연적으로 포함하는데, 일에 몰두하는 특성은 종종 연애 관계에 희생을 요구하거나 부정적인 영향을 미친다. 유명해지고 특별해지고 관심을 끄는 것은 곧 감정적 연결 고리를 찾고자 필사적으로 추구하는 삶의 방식이 된다. 다시 말해 비범한 재능은 그것을 입증해줄 숭배자들을 바라는 절실한 열망을 연료로 삼는다.

클라이브의 목표와 기준은 아버지에게 물려받은 것이다. 그는 아버지의 기준에 부응하거나 목표를 성취하는 데서는 큰 만족감을 얻지 못했다. 부모님이 드러나게 감탄하며 지속적으로 확실히 인정해줄 때 자존감이 높아지는 걸 확인할 수 있었다.

클라이브는 성장기에 때때로 깊은 실망감이 들었다. 아버지가 성공한 건축가로서 바쁘게 일하다 보니 클라이브는 아버지의 부재를 자주 경험할 수밖에 없었다. 클라이브는 아버지의 애정과 인정을 간절히 원했지만, 그 바람은 어쩌다 한 번 충족될 뿐이어서 갈증을 더했다. 아버지가 부재 중일 때 어머니의 비판적이고 높은 기준과 자기도취 성향이 클라이브를 더욱 괴롭혔다. 그는 이런 식으로 남들에게 자신을 주기적으로 확인받고 인정받아야 하는 욕구에서 벗어나지 못한 채 지냈고, 로라가 바로 그 부분을 자연스레 채워줬다.

로라는 아내로서 공감과 인정을 아끼지 않았고, 클라이브가 법조계 경력을 쌓아가는 데 헌신했다. 클라이브가 개인 상해 전문 변호사로 일할 때 로라의 내조가 버팀목이 돼 엄청난 성공을 거뒀다. 소송 한 건으로 600만 달러를 벌어들인 적도 있다. 로라는 주부로서 책임을 다하고, 남편의 회계장부 담당자로 일하며 재정과 업무 약속도 꼼꼼히 정리했다. 로라는 남편의 사업에서 자신의 역할을 즐겼으며,

조력자 이상으로 능력을 발휘했다.

로라는 남편이 의뢰인을 위해 이타적인 일을 한다고 생각했다. 시간이 지나면서 아내이자 사업 파트너로서 역할을 다하던 로라의 관점에 변화가 찾아왔다. 로라에게 남편은 의뢰인을 돈벌이 수단으로 보는 사람으로 비쳤다. 남편이 의뢰인을 손실이 나서 고통을 겪는 사람으로 보지 않고 경멸하는 투로 말하는 걸 들었기 때문이다.

클라이브가 큰 성공을 거두자 로라가 회계업무를 계속할 필요가 없어졌다. 로라는 쌍둥이 아들을 출산한 뒤 남편을 돕는 일을 그만뒀다. 헌신적인 엄마인 로라는 두 아이가 일찍이 노력해서 두각을 나타내고 아버지를 본받아 독보적인 기량을 선보이게 키우겠다는 남편의 야심 찬 노력에 동조했다.

클라이브가 고집해서 두 아들은 최고 엘리트 사립학교에 입학했다. 아이들은 능력 있고 의지가 강해서 발군의 실력을 발휘했다. 클라이브는 뛰어난 아버지라고 여기는 자기상이 더욱 공고해졌다. 쌍둥이는 과대성이 있는 아버지와 잘 어울렸다.

로라는 클라이브가 아이들이 신나게 뛰어놀고 자기다운

모습을 찾는 대신 학교에서 주요 역할을 맡도록 이런저런 지시를 하는 데 의문을 품었다. 로라는 아이들이 마음껏 놀고 탐험하고 발견하는 시간을 충분히 가져야 한다고 느꼈지만, 그런 생각을 남편에게 밝히지 못했다. 클라이브가 성격이 강하고 질투심이 많고 자식이 최고가 돼야 한다는 생각이 워낙 견고해서, 혹시 기회가 주어진다면 아이들을 어떻게 키우는 게 좋을지 생각조차 해보지 않았다. 로라는 자신의 재능을 깎아내리고, 자존감을 위해 남편과 자식의 성공에 의존했다.

그러면서도 자신과 아이들을 위해 제대로 된 방향으로 가고 있는지 의심을 떨치지 못했다. 로라는 쌍둥이의 행복에 대한 걱정이나 불만은 감추고 그저 남편의 방식에 따랐다. 클라이브의 과대한 완벽함에 감탄하는 마음이 점점 사그라들었는데도 남편 입맛에 맞추기 위해 쓴소리는 삼키고 말았다. 쌍둥이가 열 살쯤 되자 교육 방식을 바꾸기에는 너무 늦었다.

클라이브와 로라만큼 완벽해 보이는 커플도 없었다. 두 사람은 그들의 관계와 보석같이 빛나는 아이들에게 감탄하는 많은 사람과 두루두루 가벼운 우정을 나눴다. 클라이브와 로라는 각자의 역할을 알았다. 나르시시스트가 춤을

리드하고 통제하는 사이, 파트너인 공의존자codependent[9]
는 자기회의가 들어도 순순히 따른다.

클라이브는 의뢰인에게 친절하고 공감을 잘하는 이타적
인 변호사로 알려졌다. 그는 가난한 동네를 다니며 큰 돈벌
이가 될 만한 사건과 연루된 의뢰인을 물색했다. 클라이브
는 인정 많은 사람으로 보였지만, 금전적인 이득을 얻고 거
대자신감을 표현하고자 그런 행동을 했다.

로라는 예전에 어머니처럼 가정에서 다른 사람을 즐겁
게 해주는 역할을 꾸준히, 완벽하게 수행했다. 그녀는 밤마
다 게임을 준비하고, 퀴즈 게임을 하는 동안 남편이 뛰어난
지식을 뽐내며 무대 중앙을 차지하게 판을 깔아줬다. 클라
이브가 인기를 얻고 성공한 건 로라가 뒤에서 애쓴 덕분이
다. 로라는 의뢰인이 상해 보상을 받도록 도와주려고 이타
적인 노력을 다하는 듯 보이는 남편의 모습에 감탄한 터라,
그가 일하는 시간이 아무리 길고 가정에 무관심해도 불평
하지 않았다.

---

9 스스로 기능하지 못하고 생각과 행동을 타인, 과정, 사물을 통해
대신 구축한 사람.

로라는 결혼한 지 20년이 지났을 때, 클라이브가 자신은 물론 그의 성공에 매료된 지인 부부에게도 업무 이야기를 끊임없이 늘어놓는 모습이 슬슬 지겹고 짜증이 났다. 자신이 결혼 생활을 위해 재능을 억눌렀음을 깨닫고, 자기에게도 야망과 목표가 있음을 의식했다.

클라이브와 로라는 즐거운 시간을 보내고, 절친한 친구처럼 지내거나 그렇다고 믿으면서 자신들의 관계가 일방적인 속성을 띤다는 사실은 부인했다. 클라이브는 유머 감각이 있고, 다양한 주제에 대해 아는 게 많고, 재미있는 사람이다. 두 사람 사이에 이따금 언쟁이 오갔어도 성공적인 결혼 생활 같았다. 하지만 클라이브는 로라가 요구에 즉각 응하지 않으면 험악한 표정으로 완전히 무시하며 가까이 오지도 못하게 했다.

클라이브에게 나타나는 주요한 특성 중 하나는 지나친 활동성이다. 그는 로라가 원하는 수준보다 여러 가지 활동을 해야 직성이 풀렸다. 내면의 권태와 공허감을 해소하기 위해서다. 로라는 이 부분을 정확히 인지하지 못했다. 클라이브가 탐구하고 싶어 하는 놀라운 관심 영역이 아주 많다고 짐작했을 뿐이다.

로라는 친구를 사귀는 재주가 뛰어났다. 다만 그 친구들이 전부 클라이브가 바라는 지위에 있지는 않았다. 클라이브는 아내의 새로운 친구들에게 인생 경험과 광범위하게 쌓아온 업적을 들려주어 그들을 사로잡았다. 로라는 남편의 레퍼토리가 넌더리 나고 늘 관심의 중심에 서야 하는 태도가 지겨웠지만, 경청자이자 팬으로서 역할을 다했다. 욕구불만이 점점 커졌음에도 로라는 계속 비위를 맞춰주는 팬으로, 클라이브는 통제자로 살았다. 얄궂게도 로라는 클라이브가 여전히 매력적이었다. 클라이브는 멋지고 대담하고 자신감 넘치고 장악력을 발산하는 자신에게 로라가 매력을 느껴 벗어나지 못하게 만들었다.

두 사람이 처음 만났을 때, 로라는 클라이브가 수시로 문자메시지를 보내고 전화해서 더없이 기뻤다. 시간이 지나자 클라이브가 사랑해서 연락한다기보다 자신을 손아귀에 두려고 감시하는 느낌이 들었다. 안타깝게도 로라는 그의 통제적인 행동을 부부간의 신뢰와 자신에 대한 사랑으로 착각했다.

언제부터인가 로라는 자신이 이용당하고 있으며, 인정받지 못한다는 느낌이 짙어졌다. 이 부분은 로라와 아이들의 관계에서 분명히 드러났다. 로라가 클라이브보다 아이들과 많은 시간을 보냈기 때문에 더 가까웠는데, 클라이브는 친근한 모자 관계를 줄곧 질투했다. 로라는 공감을 잘하는 사람이라, 양육자로서 아이들과 관계를 형성하는 데 많은 시간을 할애했다. 이 사실이 클라이브에게 소외감으로 작용해 심기를 건드렸다.

그러던 중 세상 헌신적인 남편이라는 가면이 예상치 못한 순간에 벗겨졌다. 어느 날 동네 슈퍼마켓에서 한 남자가 로라에게 클라이브가 바람피운다고 말해준 것이다. 로라가 남편이 바람피우는 상대의 이름을 알려달라고 요구하자, 그 남자는 상대가 그의 남자친구라고 말했다. 클라이브가 동성과 외도를 저지른 양성애자라는 사실은 로라 평생에 가장 큰 기만이자, 깊고 지독한 상처다.

로라가 추궁하자 클라이브는 불륜 사실을 곧바로 인정했다. 처음에 로라는 한 번 바람피운 거라는 클라이브의 말을 믿었지만, 그런 일이 더 있었다는 걸 몇 달 뒤에 알았다. 로라는 하늘이 무너진 듯한 이 상황에서 뭔가 도움을 받지 않으면 큰일이 날 것 같았다. 곧바로 상담 치료를 받기 위해 나를 찾았다.

클라이브도 내 추천으로 다른 치료사를 만나기로 했다. 로라가 전한 바에 따르면, 클라이브는 심리요법을 받을 때

처음부터 기 싸움을 벌였다. 예를 들어 치료가 진행될 때 정해진 종료 시각이 있고 치료사가 휴가 갈 권리가 있는데, 클라이브는 이런 기본 규칙에 반발했다. 클라이브는 자신이 언제나 고객을 위해 준비된 사람이라고 생각했기 때문에, 자기도 치료사에게 그런 배려와 대우를 받아야 한다고 믿었다. 그는 자신에게 제한이 가해지는 데 익숙하지 않아서 치료를 몇 달 만에 중단했다. 클라이브는 자신이 통제할 수 없는 사람에게 의존하기 두려웠다.

클라이브가 치료를 이어가지 못한 것이 로라에게는 인생의 중대한 변화를 이끌어내는 강력한 동기가 됐다. 남편이 받는 치료는 로라에게 마지막 희망이었다. 점점 회의가 드는 결혼 생활에서 마지막 희망마저 깨지자, 실망과 슬픔과 분노에 사로잡힌 로라는 이혼을 요구했다.

클라이브와 로라의 연애와 결혼 이야기는 나르시시스트 남성과 배우자의 관계에서 배우자가 남성의 자기중심성에서 비롯되는 것을 필요로 하고, 그런 배우자로 인해 남성에게 병적 자기애가 발현되는 과정을 보여주는 사례다. 두 사람의 결혼 생활은 나르시시스트 남성에 의한 피해가 즉각적으로 분명하게 드러나지 않는다는 걸 보여주는 사례이기도 하다.

로라는 심각한 병적 증세는 없으나, 강한 남자에 대한 욕구가 내재된 여성을 대변한다. 이런 여성은 사귀기 시작하면 깊이 빠져드는 자신을 발견하지만, 신뢰를 저버리는 행동에 따른 분노와 실망(예를 들어 클라이브가 불륜을 저질러 로라에게 안겨준 감정)에서 벗어날 힘을 끝끝내 찾아낸다.

클라이브와 로라의 관계는 심리치료사 로스 로젠버그Ross Rosenberg가 정의하는 감정 조작emotional manipulation을 설명해주는 전형적인 사례다.

감정 조작자는 철저히 자신의 욕구에 초점을 맞춘 관점에 따라 다른 사람들과 상호작용을 한다. 인간관계에서 그가 주로 집중하는 부분은 사람들이나 상황이 그에게 미치는 영향, 그리고 자신이 인정받고 이해받아야 한다는 강렬한 욕구다. 감정 조작자는 자신의 재능을 실제보다 부풀리거나 비현실적으로 과시하는 반면, 다른 사람들의 공헌이나 능력은 깎아내린다. 그는 자신이 관계를 맺고 있는 사람과 사회적 상황에 대한 감수성과 공감 능력이 부족하다.

로젠버그는 이어서 조작자와 공의존자가 잘 어울리는 이유를 설명한다. 클라이브와 로라의 관계를 잘 설명해주는 대목이다.

공의존자와 감정 조작자는 자연스레 서로에게 끌린다. 기능 장애가 있는 정반대 성격이 완벽히 양립 가능하기 때문이다. 공의존자는 타인과 관계에서 상대방의 요구에 병적으로 맞춰주는 반면, 자기 요구의 중요성은 경시하거나 무시한다. 감정 조작자는 자신의 요구에 병적으로 집중하는 반면, 타인의 요구를 묵살하거나 무시한다. 공의존자는 남들의 요구에 신경 쓰기 위해 애쓰고, 감정 조작자는 자신의 요구를 충족하기 위해 애쓰므로 두 사람은 잘 어울리는 파트너다.

그들을 강하게 끌어당겨 결합시킨 바로 그 힘이 그들을 장기간 지속적인 관계로 결속하기도 한다. 두 사람 모두 타고나기를 정서적·심리적으로 결핍됐기에 상대방으로 인해 자신이 완전해질 것이라는 왜곡된 믿음을 공유한다. 역설적이지만 기능 장애가 있는 그들의 관계는 그들에게 왜곡된 안정감과 안전감을 준다. 공의존자와 감정 조작자에게 고통과 안전감은 합쳐진 경우가 많다.

이것이 로라가 처한 현실이지만, 치료를 받으며 자기성찰과 자기반성의 과정을 거친 그녀는 만족감과 자부심을 안고 충만하게 살 수 있는 통찰력을 얻었다. 로라는 자신의 야망과 목표를 인 지하자 클라이브가 만든 거절의 덫에서 벗어나 더 보람 있고 만족스러운 삶을 스스로 창조해갈 수 있었다.

CHAPTER 04

건강한 자기애와
병적 자기애

건강한 자기애란 타인과 교감하는 정서적인 삶에서 단절되지 않고 현실적인 자존감을 갖는 것으로 정의된다. 건강한 자기애의 개념은 정신분석학 전통에서 조금씩 발전해 20세기 후반에 대중화됐다. 건강한 자기애와 병적 자기애의 주요 차이점을 정리하면 오른쪽 표와 같다.

　자기애는 발달 범주에 포함된다. 하인츠 코헛Heinz Kohut[10]은 자기애에 발달선이 있다고 믿었다. 이 의견은 병

---

10 오스트리아 출신 미국 정신분석학자(1913~1981). 코헛의 자기 심리학self-psychology은 심리 역동과 정신분석 전반에서 가장 영향력 있는 이론으로 평가되며, 현대 분석과 역동 치료 접근법에 지대한 도움을 줬다.

특징	건강한 자기애	병적 자기애
자존감	신체상body image을 비롯해 현실감각과 조화를 이루는 높은 자신감을 보인다.	자기확대 성향이 있고, 전능함에 대한 믿음이 있다.
권력과 숭배에 대한 바람	권력을 누리기도 한다.	권력을 추구한다. 정상적인 억제와 한계가 부족하다.
대인 관계	타인과 타인의 생각에 관심이 있다. 타인을 착취하거나 평가절하 하지 않는다.	편의에 따라 사회적으로 적절한 반응을 한다. 양심의 가책 없이 타인을 평가절하 하고 착취한다.
가치와 열망	가치관이 있다. 계획을 끝까지 완수한다.	일관된 사회적 가치가 부족하고, 쉽게 싫증을 낸다.
성격 형성에 중요한 유년기	자존감의 버팀대가 된 건강한 유년기를 보냈고, 타인에게 어떤 행동을 할 때 적절한 선을 지킨다.	유년기에 충분한 공감을 받지 못해 정신적 외상을 당한 경험이 있다. 타인을 배려하는 방법을 배우지 못했다.

적 자기애를 이해하는 데 크게 이바지했다. 코헛의 자기심리학 모델에 따르면, 자기애성 성격장애 증상은 발달단계 초기에 부모의 공감이 부족해서 생긴 결과다. 부모는 자녀와 공감적 관계를 세심하게 살펴볼 필요가 있다. 공감은 자녀가 본디 어떤 아이인지 이해하는 마음을 아이와 나누고, 일찍이 아이의 입장이 돼보는 것이다. 이 과정이 충분하지 않으면 자녀는 자존감을 조절하는 최대 능력치를 키우지

못한다.

부모가 아이의 발달단계에 맞춰 적절하고 현실적으로 조율해서 아이가 자존감을 조절하도록 도와주지 않으면 어떻게 될까? 코헛의 개념에 따르면, 이 아이는 자신에 대한 비합리적인 과대평가와 열등감 사이에서 갈팡질팡하는 자기애적인 어른이 된다. 이 아이는 남들이 자신의 자존감을 규정하고 가치관을 심어주도록 계속 의지한다.

코헛은 이런 문제를 겪는 환자에게 공감해줌으로써 환자가 잃어버린 기능을 스스로 키워가도록 도와주라고 권고한다. 성장기 초기에 이런 식으로 방향을 잡아주는 것이 부모의 역할이다. 이 부분에서 부모와 소통이 안 되면 아이는 현실적인 칭찬과 인정이 부족한 상태가 된다.

코헛은 정상적인 상황에서 보면 유아기의 발달단계에 두 가지 중요한 심리적 구성개념[11]이 있다고 생각한다. 하나는 자기주장이 강한 야망으로 발전하는 과대적-과시적 자기, 다른 하나는 내면화된 가치와 이상으로 발전하는 이

---

11 과학적인 이론이나 설명을 위해 조작적으로 만든 개념. 직접 측정할 수는 없으나, 측정할 수 있는 현상을 유발한다고 가정한다.

상화된 부모 원상이다. 전자의 병적 측면은 과대성을 초래한다. 후자의 병적 측면은 결핍을 초래하는데, 이때 성격장애 증상은 초기 이상화에서 비롯된다.

어린 자녀에게 충분히 공감해주지 못하면서 아이가 특출하길 바라는 자신의 기대를 충족하기 위해 아이의 자질을 강조하는 데 열 올리는 부모가 있다면, 부모나 아이 모두 자기애적인 성인기에 본격적으로 드러나는 과대하거나 이상적인 상에 매달린다. 이렇게 높은 관점을 고수하는 아이는 자신이 특별 대우를 받을 자격이 있는 사람이라고 인식해(특권 의식), 그 의식이 행동으로 드러난다. 이런 아이는 권한이 있는 다른 사람과 선생님 등에게 특별 대우를 받기 원하고, 둘도 없는 특별한 사람으로 여겨지길 바라기 때문에 교우 관계에서 어려움을 겪는다.

신뢰를 바탕으로 타인과 정상적인 애착 관계를 형성하지 못하는 아이는 나르시시스트로 성장할 수 있다. 이들은 욕구 만족의 세계에 살기 때문에 불안정한 애착 관계를 맺고, 좌절이나 지연, 현실에 대한 인내력이 없다. 부모가 이런 상황에 대처할 방법을 가르쳐주지 않았기 때문이다. 이런 아이는 최고라고 인정받아야 하므로 좌절과 비판에 극도로 취약하다. 정상적인 자기수용self-acceptance 능력이 없어서 자존감 조절에 서툰 모습을 보이고, 자신에게 만족하기 위해 끊임없이 과도한 칭찬을 구한다. 이런 애착 관계 형성기는 성인기 자기애의 전조가 된다.

코헛의 자기심리학 모델에서 아이와 부모의 관계는 끊임없이 진화하는 과정이다. 그의 이론상 자기대상self-object[12]은 발달단계에 있는 아이와 한쪽 부모로 구성되는데, 이때 부모는 아이가 내적인 심리구조와 응집감, 항상심을 유지하게 해준다. 자기대상이라는 용어는 유아가 양육자를 자신이 수행할 수 없는 기능을 조절하는 유일한 공급자로 보는 관점으로, 부모가 곧 자기대상이다. 유아는 부모가 자기의 일부가 아님을 알지 못하기 때문이다. 유아는 자신이 나중에 혼자서 이행하는 법을 터득할 기능을 지금 부

---

12 코헛에게 자기대상이란 자기의 필요에 반응해 그 역할을 실행하는 다른 사람을 일컫는 개념으로, 본래 유아가 필요로 하는 심리적 기능을 충족해주는 양육자를 뜻했다. 나중에 성숙했을 때 자신의 심리구조가 스스로 담당해야 하는 기능을 지금 대신 제공해주는 대상을 자기대상이라고 한다. 자기의 성장과 발달이라는 관점에서 보면, 타인은 독립된 개체가 아니라 이런 욕구를 충족해주기 위한 대상이다. 어떤 의미에서는 자기대상이 단순히 사람을 일컫는 개념이 아니라 감싸주고 확인하게 해주는 기능으로 봐야 한다(김춘경·이수연 등 지음,《상담학 사전》참조).

모가 제공한다는 것도 알지 못한다.

이런 기능은 유아의 인지적 · 정서적 심리구조에 통합돼 있다. 자기대상의 특정 요구가 공감적으로 충족되지 않을 때 발달 정지가 일어나며, 병적 자기애가 생길 수 있다. 부모는 아이의 발달에 맞춰 세심하고 현실적으로 공감해줘야 한다.

자라서 자기애성 성격장애 진단을 받을 조짐이 보이는 아이는 다른 아이들보다 요구가 지나치게 많은 편이다. 일반적인 아이들은 주변인 의존도와 요구가 현실적이고 충족 가능한 수준이다. 자기애성 성격장애 특징을 보이는 아이는 강압적으로 요구하고, 요구가 충족될 때 만족하거나 감사하지 않으며, 부모가 느끼는 어떤 분노도 인지하지 못한다.

자기애적 보급품Narcissistic supply[13](예를 들어 사랑과 칭찬)은 이런 아이의 과대한 '자기'가 요구하는 바를 충족하기

---

13 나르시시스트가 부풀린 자기를 지키기 위해 사용하는 모든 것. 그는 공의존자에게 관심과 찬사를 병적으로 혹은 지나치게 요구하는데, 이때 공의존자는 나르시시스트가 요구하는 끝없는 관심과 감정적 에너지를 제공하는 존재다.

에 절대 충분하지 않다. 사랑과 칭찬을 아무리 많이 받아도 자신이 사랑스럽지 않고 사랑받지 못한다고 느낀다. 자신이 원하는 것을 가진 다른 아이를 시샘하며, 필요하다고 느끼는 것을 손에 넣는 과정에서 어떻게든 남들을 원망하고 본다.

코헛이 언급한 부모의 공감이 상대적으로 부족해지는 세 가지 이유를 눈여겨볼 필요가 있다. ❶ 아이와 부모가 잘 맞지 않는다. ❷ 부모가 아이에게 반응하고 아이를 양육할 능력이 없다. ❸ 아이의 자기대상 욕구가 지나치다. 이유가 무엇이든 더 이른 시기에 더 전면적으로 부족한 부분이 생길수록 더 심각한 발달 정지가 나타나고, 어른이 됐을 때 자기애성 성격장애 정도가 더 커진다. 아이는 성장을 통해서나 치료를 통해서나 시간이 흐르면서 더욱 현실적인 자기감이 발달하므로, 이 과정은 발달선이라 할 수 있다. 발달선은 아이가 자라면서 자연스레 발달 과정을 거치는 것을 보여준다.

코헛은 자기애적인 개인이 자기대상 욕구를 충족하고자 매진하는 것을 설명하면서 우리에게 내재된 특정한 자기애의 측면을 기술한다. 그는 '자기'를 심리적 우주의 중심으로 설명하고, 우리가 자기대상을 이용해서 자존감을 구축하고 유지하기 위해 노력하는 데 전 생애를 보낸다고 믿는다. 자기대상의 한 예는 엄마와 아이의 유대 관계다. 이 관계에서 엄마는 아이를 달래고 긍정해주면서 적절히 대응한다. 엄마와 아이는 서로 떨어질 수 없는 관계라고 느낀다. 코헛은 다른 이론가들과 상반되게 이런 자기애 유형이 병적이라고 믿지 않으며, 정상적인 유아기의 자기애와 병적 자기애의 연속성에 찬성론을 편다.

부모는 병적 자기애가 생애 초기, 즉 태어나서 처음 3년 안에 자기대상에 실패했을 때 생긴다는 코헛의 주장에 유념할 필요가 있다. 이런 실패를 경험한 아이는 잃어버린 유년기의 자기대상 욕구를 성인기 삶에서 충족하려고 한다. 이들은 어린 시절의 결핍을 다시 마주치거나 반복할까 봐 두려워한다.

우월하거나 거만한 태도를 보일 수도 있는데, 이는 자기대상 실패에 맞닥뜨릴 것 같은 불안감을 반영한다. 이런 두려움이 대인 관계에서 고스란히 나타나기도 한다. 자기애성 성격장애가 있는 환자들의 개인사는 실패한 인간관계로 점철된다. 해당 인간관계에서 갈망하던 유년기의 만족감과 잃어버린 자기대상 욕구가 충족되지 못하는 실망감 때문에 관계가 어긋나는 것이다.

코헛은 우리 모두 완벽해지기를 바라는 욕망이 있고, 자신을 과대하게 생각하며, 이런 욕망과 생각이 처음에 유아에게는 현실검증reality testing[14]의 대상이 아니라고 강조한다. 이런 생각은 적절히 양육하면 시간이 지남에 따라 불가피하게 직면하는 가벼운 자기대상 실패나 최적의 좌절 optimal frustration[15]을 통해 차츰 줄어든다(절대 없어지지 않는다). 부모는 자녀가 좌절감에 적응하도록 격려해줄 필요가 있다. 가벼운 좌절감은 아이가 자기감을 형성하는 데 필요하며, 심리적인 트라우마로 작용하지 않는다.

코헛은 부모가 아이의 자기대상 욕구를 항상 충족할 수 있다거나 충족해야 한다고 믿는 것이 잘못이라고 지적한다. 부모도 인간이며, 언제나 아이와 함께할 순 없다. 코헛은 이런 실패가 우리가 타고난 내재적인 과대한 망상 관념

---

14 정신분석 이론에서 자아가 수행하는 주요 기능 가운데 하나로, 현실의 조건과 상태를 여러 가지 기준에 따라 비교·평가·판단하는 것. 외부 세계를 판단·평가하는 개인의 상대적 능력, 외부 세계와 개인의 마음에 존재하는 생각과 가치의 차이를 구별하는 능력을 말한다.
15 좌절을 겪는 개인이 그것을 소화하여 좌절을 자기 것으로 만드는 현상.

을 바로잡는 데 필요하다고 믿는다. 부모는 아이가 완벽하지 않아도 자존감을 유지하고 자신을 진정하는 내적 기제를 터득하게 해줘야 한다.

아이가 혼자서 좌절감을 견뎌낼 능력을 키우도록 부모가 도와준다면, 아이는 자존감을 조절해주는 이해와 칭찬을 얻기 위해 자기대상(부모)에게 의지하는 정도가 줄어든다. 아이 스스로 조절할 수 있어서다. 나르시시스트는 유년기에 부모가 자기대상 욕구를 충족해주지 못해 내적 기제가 전혀 발달하지 않았기 때문에, 자존감을 구축하려고 계속 타인(자기대상)에게 기대한다. 나르시시스트는 비판이나 뚜렷한 거절에 매우 민감하게 반응한다.

자기심리학 모델을 이용하는 치료는 환자가 잃어버린 자기대상 기능을 내적 정신구조로 통합할 수 있게 해주는 것이 목표다. 코헛은 이 과정을 변형내재화transmuting internalization라고 부르는데, 간단히 말하면 아기가 육체적·심리적 긴장을 경험할 때 엄마가 개입하려는 노력을 줄여감에 따라 아기가 조금씩 스스로 마음을 달랠 줄 아는 능력이다. 이런 식으로 정신구조가 발달하면서 아기가 점점 더 자신을 달랠 수 있다.

한스 뢰발트Hans Loewald는 부모가 생각하는 아이의 이미지를 포함한 부모의 관점을 아이가 내재화한다고 설명한다. 달리 말해 아기는 이런 건강한 과도기를 거치며 스스로 중심이 돼보는 경험치를 쌓아간다. 공감적인 부모의 역할은 아이에게 세심하고 현실적으로 집중해서 자존감이 발달하게 해주는 것이다.

부모의 도움으로 진행되는 이런 변화가 아기의 삶에서 부재하거나 불충분하면, 자라서 정신요법이 필요한 환자가 되어 세상을 보는 새로운 방식을 구축해야 할 수도 있다. 치료자는 환자의 세계관을 새로 구성해간다는 목표를 위해 특정 상황이 자기애성 성격장애 환자에게 어떤 감정을 불러일으키는지 가늠하고, 그 상황에서 환자가 느낀 점을 치료자도 느끼려고 노력한다.

이런 감정이입은 어릴 적 부모의 조율이 부족한 부분을 보완해주고, 치료에서 지속성이 큰 변화를 가져오는 수단으로 인정받아왔다. 환자는 '자기'가 너무 연약해서 공격적인 해석을 견뎌내지 못하기 때문에 이런 공감적 치료 없이 효과를 얻기 힘들뿐더러, 사실상 더 크게 잘못될 수도 있다. 자기심리학에서는 공감적 수용의 자세로 환자를 대한다는 생각에 따라 자기애성 성격장애 환자에게 동의하거나 반대하거나 소원을 들어주거나 조언하는 방법은 현명하지 않다고 주장한다. 이런 방법을 쓰면 치료 환경이 공감의 장에서 판단의 장으로 바뀔 수 있다.

코헛은 자기심리학 이론에서 전체를 통찰하기 위해 자기개발 과정이 점진적으로 진행되도록 하는 것이 필요하다고 주장한다. 해석이 필요한 경우, 환자가 자기대상과 유대가 끊기거나 실패해 상처 받은 뒤 심적 견고함과 위로를 되찾아야 한다는 점에 초점을 맞춘 해석을 제공하는 것이 최선이다.

지그문트 프로이트Sigmund Freud가 건강한 자기애 회복을 논하는 시각은 다음과 같다. 그는 세상을 대할 때 소망과 말, 생각에 깃든 마법 같은 힘에 대한 믿음과 전능감이 아이들이 심리 생활을 하는 증거라고 봤다. 이는 정상적인 일차적 자기애primary narcissism가 존재함을 시사했다. 또 일차적 자기애란 아기가 자신을 창조의 중심 존재로 느끼는 행복한 상태라고 봤다.

자기애는 자기보호의 시도로 읽히기도 한다. 즉 자기애는 자기보호의 원동력이다. 아기는 큰 좌절에 맞닥뜨려 충분히 만족감을 얻지 못할 때, 사랑을 구하고자 타인에게 돌아간다. 이는 정상적이고 건강한 반응이다. 유아는 애정 어린 돌봄을 베푸는 엄마의 몸과 자신의 몸을 동일시한다.

코헛은 두 가지 발달선이 있다고 믿는다. 하나는 정상적인 유아적 자기애infantile narcissism에서 비롯된다. 이런 자기애는 더 수준 높고 건강한 자기애로 이어질 수 있다. 다른 발달선은 유아적 자기애에서 타인에 대한 사랑으로 이어진다. 코헛은 두 가지 발달선이 모든 사람에게 공존한다고 말한다.

이제 우리는 양육자가 조건 없이 사랑하고 긍정하고 맞춰주는 안전하고 건강한 환경에서 자라는 행운을 누린 아이의 건강한 자기애를 검토해볼 수 있다. 건강한 자기애를 지닌 사람의 마음에는 부모의 도움을 받아 독립적으로 기능을 수행하는 내재화된 즐거움이 있다. 다시 말해 부모가 최적의 좌절을 강조하면 분리감이 생기고, 욕구좌절 인내성과 지연 수용 능력, 현실검증, 미래에 대한 기대감 등 건강한 자기애의 모든 부분이 성장한다.

부모가 이해해야 하는 건강한 자기애 발달의 다른 부분은 엄마와 아이의 정상적인 정신적 분리와 관련 있다. 정상적으로 발달하는 아이에게 엄마와 분리된다는 인식은 분리 불안과 상실감을 불러일으킨다. 이런 불안은 엄마와 합일화incorporation[16] 욕구를 자극한다. 엄마의 표상representation[17]은 엄마의 미소라는 내재화된 표상을 끌어낸다.

아기 입장에서 엄마는 자신의 일부분으로 존재한다는 환상이 있어서, 아기나 유아는 안정감을 맛본다. (아기의) '자기'가 감정을 말로 표현할 수 있다면 "나는 나를 사랑해"라고 말할 것이다. 부분적으로 '내가 바로 엄마와 같기' 때문에, 이 말은 '엄마가 나에게 미소 짓고, 나를 사랑하고, 나를 양육하며 보호해준다'는 뜻이다. 일종의 자기애인 이런 합일화는 자라는 아이에게 나타나는 건강하고 정상적인 반응이다. 관련 특징은 다음과 같다.

❶ 자기감이 자기상과 연속성을 갖춰 확실히 응집적이고 건강하고 온전하게 나타난다.

❷ 엄마가 생각하고 느끼는 것을 인식한 아이는 자신감을 얻어 스스로 선택하기 시작하고, 이런 선택을 통해 배우며 자기 행동의 주체가 된다.

---

16 체내화라고도 한다. 타인의 특성을 내재화하는 성숙한 동일시가 아니라, '자기'와 '자기가 아닌 것'을 전혀 분별하지 못하는 유아기의 동일시 현상이다. 즉 외계에 있는 대상을 입으로 삼키듯이 그대로 자아의 구조 속으로 들어오게 한다.
17 원래의 것과 같은 인상을 주는 이미지나 형상. '마음이나 의식에 나타나는 것'을 뜻한다.

❸ 아이가 자신의 열망과 미래상, 현실적인 이상을 향해 활기차게 나가도록 만드는 주도권의 중심체로서 자기를 경험한다.

❹ 상호 신뢰, 상호 관계, 정직, 돌봄을 의식하는 것을 포함해 자기와 타인에 대한 자신감과 신뢰감을 경험한다.

❺ 자신과 관점이 다른 사람을 포함한 타인과 자기의 상호 존중을 경험한다. 이로 인해 자신의 장단점을 돌아보고, 인간관계에 노력을 기울이는 책임을 지며, 타인의 한계를 인식하는 한편 한도와 경계를 존중할 수 있다.

CHAPTER 05

나르시시스트 부모와 자식:

데일과 아버지 이야기

나르시시스트 아버지는 자식을 자신의 확장된 존재로 보기 때문에 감정적으로 분리하지 못한다. 자식의 감정과 요구에는 관심이 없고, 자식이 자신의 기대에 부응하기만 기대한다. 그는 자식이나 아내를 독립된 인격체로 볼 줄 아는 능력이 거의 없다. 자식과 아내는 집안의 왕인 자신의 요구에 따라야 하며, 그 요구를 직접 밝히지 않더라도 충족하기 위해 노력해야 한다고 생각한다.

　일일이 설명하지 않아도 자신이 요구하는 바를 읽어낼 만큼 가족 구성원이 그를 잘 알 거라고 기대한다. 그를 잘 보살피는 게 가족이 할 일이라고 여긴다. 나르시시스트 아버지는 다른 사람의 공감을 기대하면서도 남에게 공감하지 못한다. 자신이 요구하면 상대방은 하던 일을 멈추고 응하리라 생각한다.

나르키소스 신화에는 에코가 등장한다. 에코는 목소리 내는 능력을 잃은 채 나르키소스 뒤에 머물면서 다른 사람이 입 밖에 내는 말을 따라 하는 존재다. 에코는 나르키소스를 그림자처럼 따라다니며 어서 그의 입에서 사랑의 말이 나와 그에게 사랑의 말을 돌려줄 수 있기를 고대한다. 하지만 나르키소스는 자기애에 빠져 에코의 간절한 마음을 들을 수 없다. 에코는 그의 관심도, 사랑도 얻지 못한 채 사라진다.

이 이야기는 자식을 비롯해 다른 이의 요구를 보고 듣지 못하며, 그 요구에 반응하지도 못하는 자기애가 지나친 부모의 전형을 고스란히 보여준다. 부모의 관심을 갈구하는 자녀가 바로 에코다.

데일은 나르시시스트 아버지의 외동딸로, 많은 시간을 학교 밖에서 아버지와 보냈다. 아버지는 어떻게든 딸을 외부의 영향에서 차단하려고 했다. 데일은 아버지의 요구에 즉각 반응했고, 아버지의 기대에 부응하지 못하면 낙담했다. 아버지의 사랑과 인정을 받기 위해 전전긍긍하며 자란 데일은 안정된 자기감을 키우지 못했다.

데일이 혼자 거둔 성취는 전부 비현실적이고 보잘것없는 것으로 느껴졌다. 이런 느낌이 잠재돼 있으니 자기감은 언제라도 무너질 듯했고, 비판이나 상상 속의 모욕에도 취약했다. 자신의 성취가 허용 범위에 드는 거라는 느낌을 얻으려면 아버지의 관심과 확인이 필요했다.

똑똑한 데일은 전부 A로 장식된 성적표와 수학 · 과학 성적 우수상을 받아 아버지의 총애와 열렬할 사랑을 얻었다. 아버지는 딸이 수학과 과학에서 두각을 나타낸 데 크게 만족했다. 그가 지역 과학연구소의 신경과학 분과 책임자이자 연구원이기 때문이다.

아버지는 본인이 유전학을 공부했으니까 딸도 똑같이 하리라 기대했고, 데일은 자신이 다니는 학교에 해당 과목이 없는데도 아버지 뜻을 따랐다. 아버지가 딸에게 유전학을 지도했고, 데일은 이번에도 탁월한 학습 능력을 보였다. 부녀는 유전학 연구에 관해서 흥미진진한 토론을 수없이 벌였으며, 데일은 이 때문에 또래와 건강한 관계를 맺는 데 지장이 있다는 걸 깨닫지 못한 채 아버지와 함께하는 시간을 즐겼다.

사실 데일의 삶은 부녀 관계가 대부분을 차지했다. 지금까지 아버지의 인식이 빚어낸 데일의 모습은 항상 아버지

편에서 요구에 맞춰주고 아버지를 칭송하는 자식이었다. 그녀는 자신이 아버지를 위해 존재하며, 일을 마치고 돌아온 아버지의 성난 감정을 가라앉히게 도와야 하고, 아버지가 시장할 때 언제든 간식을 챙겨줄 준비가 돼 있어야 한다고 생각했다.

데일은 부모화된 아이parentified child였다. 이 말은 곧 이 부녀의 병적인 역할 전환 속에 그녀가 부모였고, 아버지가 자식이었다는 뜻이다. 그러다 어느 순간 아버지의 부모 노릇을 해야 하는 현실이 점점 버겁게 느껴졌다.

아버지의 자기애가 가정에 미치는 영향은 미묘했다. 뚜렷하게 드러나는 역기능은 없었다. 제삼자에게 이 가족은 건강해 보였다. 데일은 제 역할을 야무지게 수행하는 10대라는 인상을 준다. 여리고 상처 받기 쉬운 내면을 보호해주는 단단한 외피를 갖춘 아이 같다. 데일은 분노를 표현하는 법이 없다. 어떤 감정도 표현하지 않았다고 하는 편이 맞다.

데일은 아버지의 요구 때문에 자신을 희생했다. 뭐든 아버지를 성가시게 하는 건 참아야 할 대상이 아니라 해결해야 할 문제였다. 데일은 드러나게 학대를 받지 않았어도 아버지에게 정서적인 지원을 요청할 수 없었다. 아버지의 요구가 곧 가족의 중심 과제며, 데일은 착하게 잘 자란 자식의 전형이었다.

데일이 자율성을 얻으려고 애쓰는 청소년이 되어 아버지에게서 벗어나려는 의지가 커지자, 문제가 생겼다. 데일은 자신이 거둔 성과가 뿌듯했고, 대부분 아버지의 이기심에서 비롯됐어도 아버지가 그녀를 애지중지하는 것으로 보이는 상황을 고마워했다. 데일이 독립적으로 행동하고 친구들과 계획을 세우고 유행에 따라 외모를 가꾸고 싶어 하자, 아버지는 엄하게 반대했다. '아버지로서' 딸의 모든 활동을 계속 지도할 자격이 있다고 언성을 높였다.

데일의 어머니는 수동적이고 남편의 지시에 군말 없이 따르는 사람이다. 남편에게 감정이입이 지나친 초민감자로 살았고, 가족의 삶을 남편이 쥐락펴락하도록 방치했다. 데일이 사춘기에 접어들어 아버지에 대한 불만을 토로하자, 어머니는 남편이 불같이 화를 낼까 두려워 자율성을 요구하는 딸의 목소리가 커지지 않도록 단속했다. 데일이 열다섯 살이 됐을 무렵, 어머니는 딸의 행동을 더는 통제할 수 없었다. 어머니는 가끔 좌절감에 빠졌으나, 딸이 건강한 방식으로 변하고 있음을 이해하기 시작했다.

아버지는 아내가 딸 편을 드는 걸 보고, 모녀가 공모해서 자신에게 반기를 든다고 화를 냈다. 부부간, 부녀간에 언쟁이 끊이지 않았다. 아버지는 어떤 반대도 개인적인 모욕으로 받아들였다. 그는 직장에서 자기 부서를 통제하고 집에서 아내와 딸을 통제하는 게 몸에 밴 사람이다.

데일은 학보사 기자로 활동했다. 아버지는 딸이 과학 기사를 쓸 때는 승낙했지만, 정치 문제를 다루고 싶어 하자 자신의 관심사가 아니라는 이유로 언짢아했다. 데일은 낙담했고, 아버지를 기쁘게 하고 싶은 마음 때문에 괴로웠다. 아버지의 요구에 왜곡된 죄책감이 들기도 했지만, 데일은 학보사 활동처럼 아버지가 찬성하지 않는 다른 일도 해보고 싶다는 바람을 강하게 피력했다. 아무리 봐도 아버지의 주된 관심사는 아버지와 당신의 소망이고, 딸의 절실한 바람은 나중 문제 같았다. 데일은 현실을 직시하고 냉정히 생각해볼 용기를 냈다.

학보사 담당 선생님은 데일이 쓴 과학 기사와 정치 기사를 모두 칭찬했고, 편집장에 도전해보라고 독려했다. 선생님이 세상과 격리된 데일을 끌어낸 셈이다. 데일의 아버지는 이런 칭찬이 기분 좋으면서도 딸에게 다가온 새로운 어른의 영향권에서 자신이 제외된 기분이었다.

아버지는 선생님에게 연락해서 데일이 정치 기사에 할애하는 시간을 줄여달라고 요구했다. 선생님은 데일의 아버지가 총명한 딸에게 실망했다니 도무지 이해가 안 됐다. 기사 내용은 당사자가 결정할 사안이라고 반박하기도 했다. 데일은 선생님에게 이 사실을 듣고 경악했으며, 모욕감이 들었다.

데일은 나르시시스트 아버지와 관계가 자신의 사회생활에 문제를 일으키는지 의문이 들었다. 아버지와 어느 정도까지 얽혀 있어야 하는지 고심했고, 자신의 관심사를 가정 바깥으로 넓혀가는 과정에서 아버지와 관계가 걸림돌이 되는 현실을 차츰 깨달았다. 데일은 아버지의 자기애적 보급품을 제공한 역사가 오래되다 보니 자기회의에 빠질 수밖에 없었다.

아버지는 학교에 있는 데일에게 수시로 문자메시지를 보내고, 행사에서 빠지게 하는 등 여전히 딸의 사회생활을 침해했다. 데일은 어릴 때처럼 아버지를 달래고 기쁘게 하려고 또래와 교류에 거리를 뒀지만, 발달 과정에서 아버지를 달래는 데 신경 쓰고 친구와 접촉을 제한하니 안정감이 들지 않고 오히려 공황발작을 불러왔다.

데일은 어머니에게 도움을 요청했다. 어머니는 딸을 위

해 부부간의 불화도 각오해야 할 상황이라고 느꼈다. 어머니는 학교 심리상담사에게 조언을 구했다. 상담사는 부모 지능 접근법에 대해 소개했다. 어머니는 상담사와 만난 사실을 남편에게 털어놓았다. 아버지는 아내가 집 밖에서 도움을 구한 데 충격을 받고 감정이 상했지만, 부모 지능 접근법을 시도해보겠노라 말했다. 딸이 공황발작을 일으켰다는 이유가 무엇보다 컸다.

어머니는 남편이 적어도 이번에는 딸을 통제하겠다는 욕심을 버려서 안도의 한숨을 내쉬고, 앞날에 대한 희망을 품었다. 딸이 항상 자신의 바람을 확인받고 싶어 하는 아버지의 열망을 꺾지 않으면서 자신의 요구도 소중히 여길 수 있기를 바랐다. 아버지는 타협하는 능력이 생겼다. 이는 나르시시스트 남성에게 가장 중요한 변화다. 어머니는 남편이 부모 지능 접근법의 각 단계에 달려든 힘은 딸을 향한 사랑이라고 굳게 믿었다.

데일은 자기 일을 할 수 있는 안전한 공간으로 학교 내의 관계망이 구축되면서 아버지로 인한 고립감에서 많이 벗어났다. 은둔형 외톨이 같던 생활에 큰 변화가 찾아왔다. 새로운 꿈을 품고, 새로운 목표를 세우고, 새로운 친구를 사귀고, 어머니와 관계를 돈독히 하고, 치유를 위한 시공간을 확보하면서 자신에게 새로운 삶을 선사했다. 이 모든 것이 데일에게는 대단히 중요한 변화다. 또 하나 중요한 변화는 자기애가 영향을 미친 부녀 관계가 단절될 우려 때문에 데일의 아버지가 불안정해지거나 분열 상태에 이르지 않았다는 사실이다. 그는 예상보다 회복력이 좋았다.

데일은 과거의 경험이 성격 형성에 강력한 영향을 미치긴 했지만, 더는 그런 경험에 얽매일 필요가 없었다. 이제 '자신'이 관찰하고 생각하고 느낀 것에 대해 사고할 줄 알았다. 자기의 열망과 포부를 포함한 성숙한 자아 이상ego ideal[18]을 키워가기 시작했다. 덕분에 데일은 부모님을 좀 더 현실적으로 바라봤고, 부모님에게 쏟던 에너지와 관심을 거둬 자신과 친구들에게 더 집중할 수 있었다.

이쯤에서 건강한 자기애의 다섯 가지 특징을 다시 살펴보면 도움이 될 것이다. 이 특징은 데일의 요구에 부합한다. 이 요구는 데일의 아버지가 받아들인 것으로, 데일이 청소년기 발달 과정을 잘 밟아가는 촉진제 역할을 했다. 건

---

18 개인이 도달하려고 노력하는 인간의 이상적인 표준.

강한 자기애를 갖춘 아이로 키우려면 건강하게 자기를 사랑하는 방식의 표본이 중요하다.

자기애적 성향이 강한 부모 밑에서 자란 아이에게는 무수한 신체적·심리적 문제가 나타날 수 있다. 신시아 베일리-러그Cynthia Bailey-Rug는《Children and Narcissistic Personality Disorder: A Guide for Parents자녀와 자기애성 성격장애 : 부모를 위한 지침》(2015)에서 이런 아이에게 다음과 같은 문제가 나타난다고 설명한다.

- ◆ 낮은 자존감
- ◆ 타인에 대한 강한 책임감
- ◆ 자기애성 성격장애가 있는 부모를 향한 분노
- ◆ 간혹 자해 행동이 동반되며, 자기 내부로 향하는 분노
- ◆ 우울증
- ◆ 불안
- ◆ 복합 외상 후 스트레스 장애
- ◆ 학대의 피해자라는 의식
- ◆ 염증성 질병

CHAPTER 06

나르시시스트의 가족이
행복하고 건강하게 사는 법

우리는 앞에서 세 커플을 만났다. 병적 나르시시스트 남성과 공의존자 여성으로 구성된 부부 두 쌍, 10대 딸과 병적 나르시시스트 아버지. 이 장에서는 다행히 나중에 더욱 건강한 자기감을 구축한 이 여성들을 심층적으로 이해해보고자 한다. 각각의 여성 모두 애초에 정서적으로 심각한 위험에 처해 있었다. 회복됐다는 기분을 위해서는 무조건 수용하고, 긍정하고, 확인해줄 누군가와 연결될 필요가 있던 이들이다.

여기서 몇 가지 질문이 필요하다. 이들을 나르시시스트 남성에게 취약한 존재로 만든 공의존codependency[19] 성향의 원인이 된 환경은 무엇일까? 공의존자와 나르시시스트의 역학 관계에 연관된 원인은 무엇일까? 공의존적 여성이 독립적으로 살아가고, (그게 가능하고 자신이 원한다면) 친밀한 관계도 유지할 수 있는 변화는 어떻게 일으킬까?

나르시시스트 남성에게 취약한 존재로 만드는 공의존 성향의 원인이 되는 환경

공의존자가 자신의 권리와 요구를 제대로 인식하거나 존중하지 못한 채, 정신적으로 그리 건강하지 않은 파트너에게 (외부의 도움 없이) 어떻게 반응하는지 살펴보자.

엘리너 페이슨Eleanor D. Payson에 따르면 공의존자는 자신을 남들보다 덜 중요하게 보는 정신적 패러다임에 시달린다. 고통스러운 감정은 대개 자신이 사랑스럽지 못하고 부족하다는 생각이 강화된 것으로 해석되며, 공의존자는 이 감정 때문에 혼란과 자기회의에 빠져 지낸다. 공의존자가 전인성을 되찾으려면 감정적 소모를 인지하고 치료적

---

19 상호 의존, 동반 의존이라고도 한다. 보살핌이 필요한 사람과 보살피는 사람 사이의 지나친 정서적 의존성.

도움을 구해야 한다.

공의존적 여성은 아무리 불안정하다 해도 나르시시스트 남성보다 자신의 생각과 감정에 접근하기 훨씬 쉽다. 로라와 에이바는 나에게 피드백을 받으면 자기반성과 자기진단을 하는 능력이 컸다. 두 여성은 자신의 감정을 인정하고 남의 감정에 공감할 줄 알아서, 치료를 통해 감정과 충동을 조절하는 능력이 향상됐다. 나르시시스트 남편과 관계 개선에 공을 들인 것도 큰 도움이 됐다. 하지만 그들의 경험을 둘러싼 고통스러운 감정과 낮은 자존감이 수시로 돌아와 불안감과 우울함을 유발했다.

공의존자와 나르시시스트의 역학 관계에 연관된 원인

공의존자는 공통적으로 지나친 신경과민성 죄책감에 시달리고, 정당한 분노를 시원하게 표출하지 못한 채 부분적으로 억제하는 특징이 있다. 예를 들어 로라는 클라이브가 배신해서 어마어마한 상처를 받았는데, 사랑하는 이의 병리 증상을 고쳐줄 수 없었다는 이유로 본인이 죄책감을 짊어졌다. 로라는 자신을 희생하더라도 남편의 요구를 최우선에 두기 일쑤였다.

공의존자는 이처럼 개인적 자율성과 열망에 관련된 선택적인 감정을 종종 억누른다. 성취와 독립을 바라는 건강한 욕망은 친밀함이나 인정을 바라는 마음과 깊은 불안감을 상대로 싸움을 벌인다. 이런 의존 욕구 때문에 과감히 안전지대 너머로 향하고, 자신의 목표와 야망을 실현하는 위험을 무릅쓸 용기를 내기 어렵다. 로라는 자신의 열망을 향해 손을 뻗을 기회가 왔는데도 산만하고 체계가 없는 모습을 보였고, 미적거리기만 했다.

로라는 대인 관계에서 자신의 요구보다 남편의 요구를 충족하는 행동 패턴에 빠져들었고, 점점 자기감이 고갈됐다. 다시 말해 로라는 자신보다 다른 사람의 요구에 반응하는 타인 지향적인 성향이다. 이는 성장 과정에 그대로 드러난다. 로라는 자기도취적인 부모님을 인정하기 위해 자신의 요구는 억제했다. 이 패턴은 결혼 생활 내내 이어지다가 나를 만나 치료적 도움을 받자, 로라는 자신의 능력에서 만족감을 찾고 야망을 품기 시작했다. 이혼은 로라가 독립적인 기능과 자신감으로 향하는 궤도에 집중하게 해준 적극적인 조치였다.

페이슨에 따르면 공의존성으로 신경증적 상처를 받은

아이는 주로 타인 지향적인 돌봄 행위를 수행할 때 선택적으로 자기애적 보급품을 받으며, 다른 사람의 욕구가 자신의 욕구보다 우선한다고 내면화하기 시작한다. 이는 종종 정서적·발달적 상처의 발단이 되어 공의존성이 강한 신경증적인 개인에게 나타나는 문제로 이어진다.

이런 상황은 소아과 의사로서 성취도가 높은 에이바보다 로라에게 해당하는 부분이 많았다. 하지만 에이바도 의사로서 환자에게 어느 선까지 전력을 다해야 하는지 심리요법을 통해 배울 필요가 있었다. 에이바는 환자에게 필요한 자율성과 자신의 경계를 존중하지 않고 지나치게 간병인 역할을 하려 들었다(에이바는 환자에게 휴대전화 번호를 알려주고 불필요한 문자메시지를 보냈으며, 단순한 친구 관계 이상인 듯 환자의 행사에 참석할 때도 많았다).

에이바가 하는 일에 집착하는 웨이드의 자기애적 성향, 즉 거대자신감을 강화하고자 현실을 통제하는 성향은 관리를 받아야 하는 에이바의 공의존적 욕구와 잘 맞았다. 에이바는 남편의 성향이 너무 거슬리고 불가항력이라고 불만을 토로했지만, 웨이드의 행동이 자기도취적이고 자신의 요구에 맞춰주지 않는다고 느낄 때 둘 사이의 역학은 역효과를 일으키기 일쑤였다. 에이바는 벌컥 화를 내며 훌쩍 집을 떠나곤 했다. 마음을 가라앉히고 평정을 되찾기 위해 어디로 갈지 남편에게 알리지도 않았다.

에이바는 로라와 달리 야망을 추구하는 과정에서 건강한 자기주장이 있었다. 처음에는 친밀한 관계에서 자신의 필요와 권리에 수동적이고 회피적이다가, 나중에 치료의 도움으로 건강한 자기를 찾아갔다. 에이바는 이 책에서 다룬 다른 두 아내에 비하면 공의존자로서 좀 더 고기능적인 특징을 보였다.

배우자가 치료에 참여하면 두 사람의 관계에 도움이 된다. 웨이드가 나와 함께 개인 치료를 시작했을 때, 그는 에이바의 고충을 헤아리고 자기반성을 하는 힘을 키워갔다. 처음에 웨이드는 아내의 모든 행보와 선택과 생각을 장악하려는 소유욕이 강했는데, 점차 아내가 느끼는 고통스러운 감정의 본질을 인식했다.

이런 변화는 에이바가 치료 시간에 내게 자신의 성장 과정을 설명하고, 이후 남편에게도 이야기한 덕분이다. 웨이드는 아내가 치유 받고 싶은 근원적인 욕구가 있음을 인지하기에 이르렀다. 에이바가 자신의 과거에 대해 더 솔직해졌을 때, 웨이드는 (나의 치료적 도움으로) 측은지심을 드러냈고 이런 감정은 그의 감응력을 높였다. 웨이드는 아내의 온전한 자신, 즉 절대적인 진가를 지닌 존재성에 근거한 에이바 자신을 발견하기 시작했다.

데일은 청소년기에 접어들면서 자연스럽게 건강한 발달 과정을 거친 덕분에 부모화된 아이에서 벗어날 힘을 얻었다. 어머니와 학교 선생님의 도움으로 아버지의 자기애적 영향권에서 벗어나, 건강한 방식으로 자신의 요구를 주장하는 능력을 키워갔다. 아버지는 딸을 사랑하는 마음으로 데일의 행동을 좌지우지하려는 고집을 버렸고, 딸의 건강한 발달을 지지했다. 이는 그에게 큰 변화다.

이처럼 공의존자와 나르시시스트는 상대방으로 인해 각자의 성향이 지속적으로 강화된다. 이들은 존재만으로 가치 있다는 것을 이해하지 못한다. 로라와 에이바, 어린 데일에게 극심한 내적 갈등은 자신과 그들의 삶을 깊이 들여다보게 하는 촉진제였다. 이들은 치료를 통해 자신의 왜곡된 인식을 인지하고 재평가하며 더 건강한 자기감을 발견하기 시작했다.

페이슨에 따르면, 버림받지 않으려는 보호막으로 고안된 공의존자의 방어기제는 시간이 지나면서 대인 관계가 자신의 활력과 정서적 회복력을 무너뜨리는 사이에 자포자기로 이어진다. 다행히 공의존성 신경증 문제는 자아 이질적ego-dystonic[20]이며, 공의존자는 자기반성과 공감 능력이 있으므로 전인성을 되찾는 치료적 도전에 응하고 꾸준히 전념할 가능성이 훨씬 높다.

공의존적 여성이 변화를 이끌어내는 방법

이제 공의존적 여성이 나르시시스트와 관계에서 행복해질 수 있는 다양한 방법을 살펴보자. 모든 여성은 자신에게 중요한 관계에서 무엇을 얻고자 하는지 (전문적인 도움을 받아) 스스로 결정할 필요가 있다. 이 책에 나오는 로라와 에이바, 데일은 삶의 이력과 개인적 목표, 야망에 따라 저마다 관점이 달랐다.

---

20 자아 갈등적이라고도 한다. 사고, 욕동, 정동, 행동 등이 자아와 조화를 이루지 못하는 상태. 관찰하는 자아의 관점에서 볼 때 불유쾌한 정신 내용물은 자기self와 이질적인 것으로 경험된다. 자아 동조적ego-syntonic인 사람은 자신에게 아무 문제가 없고 타인이나 환경에 문제가 있다고 여기는 반면, 자아 이질적인 사람은 자신에게 문제가 있다고 괴로워하며 자신을 통찰하고 자신의 잘못된 인식과 사고를 알아차린다.

자기를 되찾기

공의존성 신경증에서 회복되는 건 자신이 무가치하고 부족하다는 생각을 버리는 데서 출발한다. 그러려면 경계를 설정하는 법을 배우고, 자신의 행복에 도움이 되지 않는 이들을 거부할 줄 알아야 한다. 이 책에 나오는 여성들은 개인적인 지원망 내의 지인(데일의 어머니와 선생님)이나 아무런 판단 없이 이야기를 들어주는 치료사(필자)가 따뜻한 시선으로 보내는 지지 덕분에 건강한 자기감 구축이라는 과제를 인식하기 시작한다.

공의존적 여성이나 소녀가 자신의 존엄성과 존중을 순간순간 지켜내려면, 자신에게 판단의 잣대를 들이대지 않는 게 중요하다. 자기주장이나 건전한 의사 결정, 남에게 그들의 행동에 대한 책임을 물을 권리를 내세우려는 시도를 스스로 미묘하게 방해하는 일이 없어야 한다. 한 관계에서 각 구성원에게 충분한 권리와 긍정적인 관심이 부여된다는 것을 받아들이는 태도 역시 필요하다.

나르시시스트와 공의존자 관계에서는 자기애적 보급품도, 상대의 가치를 깎아내리는 메시지도, 경계 침해도 균형 잡힌 양상을 보이지 않는다는 점을 명심해야 한다. 공의존적 여성이나 소녀는 나르시시스트의 과대한 자기를 강화해주는 사이에 자존감이 서서히 무너진다는 데 경각심을 가질 필요가 있다.

공의존자는 너무 쉽게 나르시시스트의 뜻에 따른다. 양쪽이 전혀 동등한 위치가 아닐 때조차 '손뼉도 마주쳐야 소리가 난다'며 곧잘 방어용으로 나오는 혼란스럽고 자기회의적인 입장을 경험하기 때문이다(로라는 자신이 무슨 잘못을 해서 클라이브가 불륜을 저지른 거냐고 물으며 자기도 완벽하지 않다고 말했지만, 자신의 행동이 남편의 배신과 동등한 수준이 아님을 깨달았다).

나르시시스트가 불안정한 관계에 원인을 제공한 부분을 정확히 평가할 필요가 있다. 공의존자는 이 상황에서 불안과 혼란, 불안정, 방향 감각 상실 등에 시달린다. 이런 불안감이 들 때, 모든 게 정상인 듯 계속 행동하기보다 공의존자의 현실검증에서 뭔가 잘못됐음을 감지하는 것이 중요하다. 현실을 자꾸 부인하면 공의존자의 자신감이 서서히 약해진다.

이 책에 나온 공의존자 가운데 세 명은 나르시시스트 남성과 자신의 관계와 전혀 상관없는 표현 활동에 참여함으로써 건강한 변화를 경험하기 시작했다. 로라는 뛰어난 콜라주 디자이너가 됐다. 그녀는 콜라주 제작으로 능숙하게 자기표현을 하며 재능을 발휘했다. 남편은 이 작업을 보잘 것없다고 깎아내렸지만, 로라는 이 분야에 상당한 재능을 보였다. 로라는 콜라주를 이용해 심리적 갈등을 회화적으로 표현할 수 있었다. 나중에는 평판이 쌓이고 실력이 늘어 지역 갤러리에서 작품을 전시하기도 했다.

에이바는 뛰어난 액세서리 제작 솜씨로 찬사를 받은 것은 물론, 금전적 이득까지 챙겼다. 자신의 기술로 제법 큰 돈을 벌자 액세서리 제작자뿐만 아니라 한 인간으로서도 자신감을 얻었다. 에이바는 치료받는 동안 이런 결과를 마주했기 때문에 자기표현 활동이 건강한 삶을 향해 나가는 데 중요한 역할을 한다고 생각했다.

데일도 선생님과 친구들에게 글솜씨를 인정받자, 자신의 능력을 인식하기 시작했다. 데일은 어머니의 지지 덕분에 자신의 재능과 야망을 인지하는 능력이 강화됐다. 두 여성과 소녀는 자신을 표현하고 자존감을 다지는 예술적 수단을 찾아낸 것이다.

공의존자와 나르시시스트의 역학 관계가 오래갈수록 변화의 가능성은 점점 줄어든다. 공의존자는 자신이 소모되는 기분이 들면 자주적인 결정을 내리고 자기 주도권의 중심에 서기 힘들어진다. 공의존자는 동요하거나 정신적 혼란에 빠지기 쉬우며, 자기회의와 불안감에 휘둘리는 성향을 보인다.

이는 나르시시스트가 직접적인 소통을 거부하기 때문에 공의존자에게 전형적으로 나타나는 특징이다. 클라이브가 로라의 연약하고 동정적인 본성을 이용하면서 오랫동안 불륜을 저지른 일이 이에 해당한다. 에이바와 데일의 성취에 웨이드와 데일의 아버지가 모순된 신념을 드러내고, 두 여성의 자기회의가 커진 상황도 마찬가지다.

공의존자는 '그가 내게 상처 주려고 무슨 짓을 하는가?' 자문해볼 필요가 있다. 이 물음에 답하고 나면 자신을 무력감에 빠뜨리는 민감한 상태를 나타내는 신호를 알아차릴 수 있다. 자기주장을 펼치고자 노력하는 공의존자는 의심이 들 때면 일단 생각할 시간을 갖고, 자신이 나르시시스트의 방해 때문에 곁길로 밀려나는 시점이 어느 때인지 파악해야 한다.

자기애가 강한 사람(남편이나 아버지)과 역학 관계에서 변화를 이끌어내고자 노력하는 공의존자가 충동적으로 반응하지 않는 것도 중요하다. 나르시시스트 때문에 자기주장이 끊임없이 뒷전으로 밀려난다면, 그쯤에서 대화를 중지하고 마음을 다잡아야 한다. 섣불리 좌절하지 않는 것도 중요하다.

로라는 자기 생각을 표현하는 데 문제가 생겼을 때, 클라이브가 자리에서 벗어나는 걸 용납했다. 클라이브는 로라의 질문을 무시하고 자신의 공간으로 갔다. 그러면 로라는 차분히 생각해볼 시간이 생겼다. 로라는 자신의 요구를 전적으로 존중하게 됐을 때, 자신의 정체성을 계속 지켜내려면 이혼이 불가피하다는 사실을 깨달았다.

에이바는 웨이드가 자신에게 끝없이 말을 쏟아내고, 자기가 하는 말은 씨알도 안 먹힌다고 느껴질 때면 집을 떠났다. 웨이드는 에이바가 자기감정을 분명히 밝히고 분노를 터뜨릴라치면 어떻게든 방해했다. 에이바는 분노가 솟구칠 때면 평정심을 되찾기 위해 집에서 멀어졌다.

부부 사이 대화를 방해하던 남편의 장황하고 지엽적인 설명을 막기 위해 에이바가 웨이드에게 원하는 행동의 변화를 딱 집어서 명시하는 방법이 도움이 됐다. 이 방법은 웨이드가 너무 자기중심적이어서 자신이 어떻게 에이바를 방해하는지 완전히 이해하지 못할 때도 효과가 있었다. 웨이드는 에이바를 사랑하고, 아내가 자신을 쫓아내는 걸 원치 않았기 때문이다.

예를 들어 "우리가 여행할 때 당신이 모든 명소를 찾아다니는 동안 나는 편히 쉬며 혼자 시간을 보내고 싶어"와 같이 에이바가 원하는 행동 변화를 명확하고 간결하게 말하는 법을 배웠다. 이 방법은 톡톡히 효과를 봤다. 부부는 마침내 여행을 함께 즐기기 시작했다. 에이바는 특정한 행동 변화를 구체적으로 명시하는 방법을 써서 웨이드가 끊임없는 설명을 쏟아내 자신의 요구를 무시하며 논점을 흐리거나 쉽게 반박할 일이 없게 만들었다. 자존감이 높아지자 에이바가 변했고, 결과적으로 남편도 달라졌다.

상호 관계와 상호 의존, 진정한 주고받기는 나르시시스트가 도저히 이해할 수 없는 핵심적인 가치를 나타내기 때문에, 자기반성을 위해 혼자 있는 시간을 확보하는 것이 로라와 에이바, 데일의 삶에 효과적이었다. 이 말은 로라와 에이바나 데일이 부부 혹은 부녀간 역학 관계에서 남편이나 아버지보다 개인적인 책임을 많이 짊어졌다는 뜻이 아니라, 자신에게 남성의 자기애적인 전략에 저항하는 힘을 부여했다는 의미다.

클라이브는 로라가 이혼을 결심했기 때문에 아내의 사고방식을 받아들일 수밖에 없었다. 웨이드는 '제정신이 아닌 쪽'은 에이바라는 믿음을 (적어도 부분적으로) 버려야 했다. 데일의 아버지는 협력적인 부모 지능 접근법에 서술

된 개념을 읽고 이해하고 그에 따라 행동하기 시작한 뒤에 변하는 모습을 보였다.

가짜 동등함이라는 문제를 다루며 이 장을 마치고자 한다. 이는 나르시시스트가 한 관계에서 '자양분'을 대부분 요구하면서도 모든 것이 동등하다고 주장하는 상황이다. 앞서 논의한 사례에서는 공의존자가 이 문제에 정면으로 맞서 삶에 중대한 변화를 이끌어냈다.

클라이브와 웨이드, 데일의 아버지는 문제의 책임을 져야 했는데도, 자신이 불화의 원인이 아니라는 굳건한 믿음으로 방어적인 태도를 보였다. 그들은 자신이 아내와 딸의 자기감에 미치는 영향을 객관적으로 이해하면서 관계를 돌아보는 능력이 부족했다.

로라와 에이바, 데일이 경험한 최악의 고통은 (공감 부족 같은) 상처에서 기인했을 뿐만 아니라, 이런 상처를 둘러싼 그들의 감정을 진심 어린 태도로 다루는 도움의 손길이 부족한 데서 비롯됐다. 이 부족한 부분을 채워주는 것이 치료사인 나와 좀 더 적극적인 부모로서 데일의 어머니가 할 일이었다.

나르시시스트의 가족에게 필요한 행동 문항

❶ 자기상을 현실적으로 보도록 도와주는 정신건강 전문가의 도움을 구한다.

❷ '무엇이 나를 이 자기애 충만한 나르시시스트에게 상처 받기 쉽게 만들었을까?' 자문한다.

❸ 자신의 목표와 포부를 분명히 말한다.

❹ 인생에서 독립적인 존재가 되고, 제대로 감정을 느끼는 능력이 있는지 살펴본다.

❺ 자신의 현실적인 장단점을 곰곰이 생각하면서 좀 더 자기성찰적인 태도를 갖춘다.

❻ 새로운 관심사와 배움의 기회를 찾기 위해 도전한다.

❼ 자신감이 지나친 나르시시스트에게 의존하는 기분이 필요한지 깊이 생각해본다.

❽ 나르시시스트 남성을 향해 분노를 포함해서 다양한 감정이 생기는 걸 받아들인다.

❾ 자기 목소리를 높이고 마음을 표현한다.

❿ 자기 주도권의 중심에 선다.

⓫ 자신의 가치를 분명히 밝히고, 방향을 찾아갈 때 그 가치를 나침반으로 삼는다.

CHAPTER 07

타인 착취 욕구와 두려움:
리오와 일라이 이야기

나이 지긋한 은퇴자 리오는 그동안 수차례 불륜을 저질렀다. 이제 15년간 함께 산 젊은 배우자 곁을 떠나야겠다는 결정을 앞두고 전전긍긍하는 참이다. 60대인 리오는 심리요법에서 주로 하는 자기 인생 돌아보기에는 관심이 없고, 오랫동안 파트너로 지내온 사람을 떠날지 말지 기로에서 내게 도움 받을 궁리만 했다. 리오는 배우자가 그의 자기감을 북돋기에 부족한 사람이라고 생각했다. 성적으로 정복한 상대가 많으면 자신에게 득이 될 것이라는 리오의 믿음은 자기애의 정의와 일맥상통한다.

　리오가 자신의 계획에 긍정적 확답을 구하기 위해 나를 찾아온 걸 보면 아직 그의 자기애가 돌이킬 수 없는 수준까지 이르지 않았다. 그렇지 않았다면 리오는 현재의 배우자 곁을 떠나겠다는 계획을 밀어붙이고, 또 다른 섹스 파트너를 만나고도 남았을 것이다. 리오는 스스로 파악한 자신의 상태를 이해하기 위해 살아온 날을 찬찬히 돌아보는 데는 별 관심이 없었다. 줄줄이 기다리는 더 어린 여자를 찾아 배우자를 떠나겠다는 결정을 내가 얼른 승인해주기만 바랐다.

나는 리오가 자신에 대해 제대로 알고 싶어 고심했으면 좋겠다는 희망을 품고, 일단 그에게 공감해주는 데 집중하기로 했다. 리오는 나이 들고 퇴직했다는 사실로 자기애적인 측면에서 상처를 받은 상황이라, 나의 공감은 그의 마음을 여는 데 절대적으로 필요한 수단이었다. 덕분에 리오는 진짜 자기self가 부분적으로 표현되는 동시에 보호되는 과정을 직접 확인할 수 있었다.

리오는 이혼한 경험이 있는 일라이와 15년 동안 결혼 생활을 했다. 일라이는 리오보다 열 살 아래고, 장성한 자식이 두 명 있었다. 리오에 따르면 스웨덴 태생 일라이는 미모가 출중하고 똑똑한 여성이다. 스웨덴어 억양으로 영어를 구사한다는 점이 리오에게 좀 걸렸다. 리오는 다정하고 너그러운 일라이를 신뢰했지만, 둘의 관계에는 정신적인 사랑의 비중이 컸다.

일라이에게 성적으로 끌리지 않은 것은 억양과 그저 그런 직장 생활 때문이다. 리오는 일라이에게 다소 이질감이 들고, 자신이 우월하다고 느꼈다. 이 말은 리오의 자기도취적인 자기감을 고스란히 반영해서 한껏 부풀려주기 바라는 욕구를 일라이가 충족하기에는 역부족이었다는 뜻이다. 리오는 일라이의 장성한 두 자식에게 전혀 관심이 없었다.

리오가 나를 찾아왔을 때 그의 관심사는 일라이를 떠날지 말지 망설이는 자신의 우유부단함뿐이었다. 한편으로 리오는 서로 사랑하지 않는데도 여전히 함께 사는 것은 자신이 일라이를 부당하게 이용하는 처사라고 느꼈다. 리오는 일라이의 다정하고 너그러운 성품을 이용한다고 생각했지만, 일라이는 리오를 진심으로 좋아했다.

리오가 일라이를 떠나지 못하게 만드는 건 일말의 도덕적 죄책감이 아니라, 젊은 여자들과 성적으로 즐기기 위해 아내를 떠난 자신을 남들이 어떻게 볼까 하는 두려움이다. 그는 여자를 이용하는 놈으로 보이고 싶지 않았다. 리오는 깊은 친밀감이나 책임질 필요가 없는 여러 여자와 문어발식 관계를 원했다.

그런 행동이 일라이나 그가 성적인 대상으로 바라보는

여자들에게 미칠 영향을 생각해보도록 유도하자, 리오는 내가 자신에게 온전히 집중하지 않는다고 느꼈다. 리오가 평생 만난 여자들에게 그의 행동이 미쳤을 영향에 대해 내가 얘기를 꺼내려 할 때, 리오는 적어도 한 번 이상 "나 말이오, 나. 내 얘기요"라고 했다.

리오는 젊은 연인에게 찬사를 받아 으쓱해지고 싶은 욕구를 일라이가 충족해주기를 바랐지만, (그가 판단하기에) 일라이의 결점 때문에 그 바람이 꺾였다. 일라이의 자식들은 리오의 욕망을 실현하는 데 걸림돌이었다. 리오는 일라이의 관심이 자식들에게 분산되는 현실을 도저히 참을 수 없었다. 리오에게 일라이의 자식들은 생판 남이나 마찬가지였다.

리오는 영리한 투자 덕분에 40대에 수백만 달러를 벌어들인 무역업자이자, 성공한 재무설계사다. 일찍이 거둔 성공으로 리오는 평생 처음 안도감을 느꼈다. 빚을 달고 살던 어머니는 리오에게 열심히 일해서 돈을 많이 벌고, 결혼은 극도로 신중해야 한다고 신신당부했다. 아버지는 가족을 나 몰라라 하고, 리오에게 아무런 대안도 제시하지 못했다. 리오는 어머니의 가르침에 따라 열심히 일했다. 일에서 성취감을 얻진 못했으나 지역사회에서 입지를 다졌고, 자신은 물론 함께 사는 여자를 부양하기에 부족함 없는 재산을 쌓아갔다.

리오는 외로움이 두려워서 배우자와 떨어질 수 없었지만, 그 이유 하나로 배우자 곁에 계속 머물기에는 충분치 않았다. 여러 여자와 관계를 맺으면 자신이 인기 있는 남자가 되는 줄 알았다. 진정한 유대가 없는 관계는 시간이 갈수록 공허할 거란 사실을 이해하려고도, 신경 쓰려고도 하지 않았다. 힘 있는 사람이 되는 것이 훨씬 더 중요했다.

리오는 현재의 즐거움에 관심 있을 뿐, 미래는 안중에도 없어 보였다. 나와 함께 자신의 미래를 시시콜콜 이야기하는 과정을 당면한 요구를 이해받지 못하고 있다는 뜻으로 받아들였다. 미래를 이야기하는 시간은 리오에게 나이 드는 자신에 대해 생각해보라고 강요하는 것으로 느껴지기도 했다. 그는 나이 듦에 대해 생각하고 싶지 않았다. 자기애에 큰 상처를 주는 부분이기 때문이다.

리오는 개인 사업자로서 투자를 주 업무로 하며 일정한 체계에 얽매이지 않고 살았다. 기분 전환용 취미가 있고 어울리는 동료들도 있었지만, 그가 신뢰하는 사람은 없었다. 인생 도덕률의 기본은 기브 앤드 테이크라고 생각했다. 사람들이 진심을 다해 지속적인 방식으로 상대에게 마음을 쓰지 않고, 일종의 혜택을 주는 관계를 유지하고자 서로 조종하고 이용한다고 믿었다.

리오의 자기애가 어떻게 작용했기에 진정한 인간관계를 맺지 못하게 방해했는지 알아보려면, 그의 가장 친한 친구의 예가 어느 정도 단서가 된다. 이 친구는 머리가 아주 비상한데 처지가 좋지 않아 리오가 재정적으로 도움을 줬다. 리오는 이 친구를 돕는 이유가 자신이 관대한 사람이라서가 아니라, 이 친구가 똑똑하고 자신을 이해해준다고 느껴서라고 말했다. 그는 리오에게 동등한 입장에 있는 사람이었다. 리오는 이해하지 못했지만, 이 친구 관계는 그에게 정말 필요한 것이 무엇인지 분명히 보여준다. 즉 두 사람 사이에 주고받는 게 있는 상호 호혜적인 관계다.

리오는 이 친구가 보답으로 뭔가를 주니까, 즉 깨우침을 주는 토론 상대가 되니까 돕는다고 했다. 이렇게 논의하는 자체는 리오의 지성과 수준 높은 교양을 입증했다. 다시 말해 리오가 끊임없이 갈구하는 뭔가를 충족해주는 대화다. 이런 토론은 인간관계에서 중대한 가치이자 귀중한 자산이지만, 리오에게는 자신의 구체적인 필요를 대변하는 것으로 이 친구가 도움에 보답으로 제공한 답례에 불과했다.

리오는 상호 관계를 이해하지 못했다. 한 사람이 다른 사람을 이용하고 조종한다는 믿음에 매몰됐기 때문이다. 치료사로서 나는 리오가 끝없이 확인받기 위해 돈을 지불한 그의 친구와 같은 사람이라는 생각이 들었다.

의문의 여지가 있는 이 도덕률을 감안하면 리오가 배우자를 쉽게 떠나거나, 다른 여자들과 불륜을 저지르고도 남겠다는 생각이 들 만하다. 남들이 알까 봐 두려워하는 마음이 그의 발목을 잡았다. 리오는 자신이 사람들 있는 데서 여자와 함께 있는 모습을 누가 보거나, 다른 친구를 통해 그 일을 들어서 남들이 자기 이야기를 알까 봐 겁이 났다. 그런 식으로 목격되면 자신이 '소름 끼치는 자식'으로 비칠까 두려웠다.

다시 말해 남들이 그를 보는 관점이 곧 그가 자신을 보는 유일한 관점이었다. 리오는 자신을 망신거리가 된 정치인들과 여러 차례 비교했다. 섹스 스캔들이 문제가 아니라, 그들이 저지른 짓이 들통난 사실 때문이다.

리오는 자신이 여성을 이용하는 게 우리 사회에서 허용되며, 일반적인 일이라고 재차 확인받고 싶어 했다. 내가 말하는 남녀 관계의 실질적인 상호 만족에 대한 어떤 이야기도 그에게는 순진해 빠진 소리에 불과했다. 리오는 나와 대화하며 만족감이 든 적이 거의 없다. 내가 직접적인 조언을 건네려 하지 않기 때문이다. 그는 궁극적으로 아무도 신뢰하지 않기에, 아무리 나를 믿는다고 주장한들 내 조언도 믿지 않았을 것이다.

리오는 어릴 때 건강하게 균형 잡힌 무조건적 사랑을 주고받는 관계를 경험할 기회를 빼앗긴 남자 같았다. 자기애적 보급품을 박탈당했기 때문에 깊은 자기애적 상처 narcissistic injuries를 받은 것으로 보였다. 자기답다는 것이 그저 자기 본모습이라는 이유로 무조건 선량하고 미덥고 특별하다는 의식을 내재화할 능력이 필요한데, 어머니와 상호작용은 리오가 그런 능력을 키우는 데 방해가 됐다.

성격 형성에 영향을 미치는 경험이 부족한 환경에서 자란 리오는 자기에 대한 올바른 관점을 품지 못한 채 살았다. 피상적인 관계로 채우려고 집요하게 노력하는 삶 말이다. 리오는 매우 불만족스러운 은퇴 생활과 결점투성이라고 느끼는 결혼 생활을 상쇄해주는 자기상을 구축하기 위해 외적인 측면에서 지속적인 자기애적 보급품이 절실히 필요했다. 점점 작아지는 자신을 느꼈고, 그런 감정에서 벗어날 탈출구와 사납게 요동치는 내적인 삶이나 불안감에서 도망칠 곳을 내게서 찾고자 했다.

치료를 마무리할 즈음, 리오는 자신의 선택이 내게 달린 문제가 아니라는 것을 깨달아갔다. 그는 자신의 결정을 주관하는 주인으로 남았다. 리오는 자기애적 성향이 강한 다른 남성과 마찬가지로 핵심적인 자기가치감이 부족하기 때문에, 충분히 채워질 리 없는 외적인 검증이 필요한 사람이었다.

CHAPTER 08

정상적인 사랑과
자기애는 어떻게 다를까?

아이가 전능감을 상실하고 부모와 완전한 유대를 잃은 것에 반응할 때 재접근 위기rapprochement crisis[21]가 나타난다. 이 위기를 해결하는 것이 이후의 발달에 중요하며, 특히 아이가 갈등을 다루는 능력에 영향을 미친다.

나르시시스트 남성을 자세히 보면 자기애적 관계와 정상적이라고 여길 만한 관계 사이에 어떤 차이가 있는지 궁

---

21 마거릿 말러Margaret Mahler의 대상관계이론에서 분리개별화 separation-individuation 단계 중 세 번째 하위 단계가 재접근기 (16~24개월)다. 유아가 엄마와 공생적 결합 상태에 머무르고 싶은 소망과 분리된 개인으로서 자율성에 대한 소망 사이에서 심리적 위기를 겪는 것을 '재접근 위기'라고 한다.

금해진다. 이 장에서는 이 두 가지 관계의 여러 측면을 개괄적으로 다루고자 한다. 치료적 환경에서 내가 확인한 내용을 비롯해 정신분석가들이 정상적인 사랑과 비정상적인 사랑에 관해 쓴 내용을 살펴볼 것이다.

병적 자기애의 일반적인 정의는 '연애 관계에 불균형을 초래할 만큼 자기에게 비정상적으로 투자하는 것(과도한 자기애)'이다. 이 책에 나오는 남성들은 가정에서 뚜렷한 자기애성 성격장애의 특성을 보이지만, 바깥에서는 자신의 기능을 수행하며 성공하는 데 뛰어난 역량을 발휘했다. 그들은 결점이 있음에도 가족을 잘 부양했고, 성공을 위해 인고의 과정을 견뎌냈다.

정상적인 자기self는 자기관찰 기능이나 타인과 합리적이고 협력적인 관계를 유지할 수 있는 현실검증을 중심으로 체계화된다. 정상인은 사랑과 증오의 감정을 통합해 정상적인 사랑을 하는 능력의 전제 조건으로 삼는다. 타인과 내면화된 관계가 형성되고, 통합된 초자아나 양심이 작동하며, 안정된 관계와 가치 체계라는 맥락에서 욕구가 충족됨에 따라 자존감이 조절된다. 이 책에 나오는 남성들은 이런 부분이 효과적으로 수행될 수 없었다.

우리는 어머니의 돌봄이 불완전하고 정신적 외상에 따

른 지연이 불가피하게 나타날 때, 코헛의 관점에서 본 자기애가 어떤 영향을 받는지 살펴봤다. 아기는 자신의 필요를 반영해 어른에게 절대적인 완벽함과 힘을 부여함으로써 완벽함과 전능함에 대한 본래의 소망을 유지하려고 한다. 이 완벽함은 부모에게 투사되어 이상화와 자기애의 밀접한 관계를 형성한다.

아이는 연습기[22]에서 재접근 위기(정상적인 아이가 자신의 전능감 상실에 반응하는 시기)로 이행하는 중에도 세상이 자신을 중심으로 돌아간다는 환상을 품고 있다. 아이는 회피와 부정, 가치 절하로 이 환상을 보호하면서, 자기애적이고 과대한 자기인식과 맞지 않는 현실 인식을 구분한다.

재접근기[23]에서 과대한 자기는 현실과 부합하지 않는다. 제임스 마스터슨James F. Masterson에 따르면 과대한 자기표상self-representation[24]은 완벽하고 특별하고 유일하다고 느끼는 우월하고 독보적이고 과시적인 존재다. 그는 과

---

22 분리개별화 단계 중 두 번째 하위 단계(10~16개월). 걸음마를 시작하고 성취감과 만족감을 맛보며 자기애가 최고조에 달한다.
23 분화가 자각되면서 불안이 증가한다. 독립과 의존 사이에서 갈등하기 시작한다.

대한 자기를 투사하는 한편, 자신의 특별함을 전시하고 거대자신감과 고유한 완벽함을 투영하는 완전한 거울반응 mirroring[25]을 기대한다. 그는 전능한 대상(타인)을 투사할 때 대상의 완벽함을 이상화하며, 그 완벽함을 자신도 공유하기 바란다. 이를테면 '자기애적 만족감'을 나누고, 그 감정에 동참하고자 한다.

아이가 성숙해감에 따라 환경의 영향을 받으면서 이상화된 부모의 표상은 변한다. 아이는 부모가 자신의 요구를 금지하고 좌절시키는 현실에 실망해서 상실감을 경험한다. 건강한 아이는 이상화된 부모상을 점차 상실해가는 정상적인 과정을 거치다가, 아이일 때와 이후 어른이 됐을 때도 그의 길잡이가 되는 기준과 현실적인 이상을 갖춘 양심 혹은 초자아가 형성된다.

코헛은 아이가 평범한 삶에서 만나는 좌절과 실망을 견

---

24 표상이란 자기 자신과 대상에 대한 상image을 뜻한다. 객관적인 상황을 그대로 반영하기보다 개인이 주관적으로 지각하고 경험한 바를 반영한다. 이때 대상에 반응하고 행동하는 자기 자신에 대한 표상이 존재하는데, 이를 자기표상이라고 한다.
25 내담자나 상대방의 움직임에 거울처럼 반응해 보이는 것.

더낼 수 없다면, 유년기를 이상화하는 데 매달린다고 설명한다. 자기애적 자기는 자존감을 구축하기 위해 남들의 시선을 끌고 칭찬받기 원한다.

오토 컨버그Otto Kernberg는 자기애성 성격장애에서 공격성의 역할에 주목한다. 극단적으로 보면 나르시시스트의 거대자신감과 자기이상화는 다른 사람에게 공포와 고통을 안겨 자신의 공포와 고통을 이겨냄으로써 강화된다. 이 경우 공격성의 가학적인 표현은 자존감을 지켜주는 방패 역할을 한다.

감정 기복은 자존감 조절이 미숙한 데서 비롯된 자존심self-regard을 나타내는 지표다(클라이브는 다른 사람에게 칭찬받고 인정받을 때 기분이 한껏 고조되고, 타인의 찬사를 느끼지 못하고 관심의 중심에 있지 않을 때 기분이 가라앉았다).

자기애적 성격의 특징 가운데 과대한 자기가 공격성을 직접 표현하지 않는 경우도 있다(신경외과 의사 웨이드의 공격성은 아내의 능력을 축소하는 태도와 지나친 활동에서 확인된다). 마지막으로 공격성이 다른 쪽으로 승화되는 경우에 나르시시스트는 공격성을 생산적인 행동으로 바꾼다. 이 책에 나오는 대표적인 예는 클라이브다. 그는 개인 상해 전문 변호사가 되는 데 자신의 공격성을 이용한 셈이다. 이는 공격성이 종전의 초자아와 (어느 정도) 통합된 경우다.

마스터슨은 정신분석학 이론가들이 나르시시스트의 공격성을 어떻게 보는지 설명한다. 코헛은 지나친 공격성이 선천적이지는 않지만, 초기의 정신적 외상에서 비롯된다고 생각한다. 정신분석학자 멜라니 클라인Melanie Klein과 컨버그는 공격성을 선천적인 특징으로 본다. 마스터슨은 간혹 공격성을 타고나기도 하지만, 초기의 정신적 외상에서 비롯되는 경우가 많다고 본다.

발달 과정 초기에 어머니의 중요한 역할은 거울반응이다. 어머니는 이 행동을 하면서 아기가 내는 소리를 반복하고, 아기 얼굴의 표정을 나타내는 표정 놀이를 한다. 이 행동은 아기에게 어머니와 '하나'가 되는 감정을 준다.

이다음에는 아버지가 아이를 세 살부터 여섯 살 때까지 '세상'으로 데리고 나가는 더 큰 역할을 하는 단계가 온다. 이 과정이 정상적으로 진행되면 어른이 된 남성은 자신의 이상에 도달할 수 없을 때 자기애적 상처를 받는 기분을 계속 경험하기보다 오히려 갈망과 유사한 감정이 든다. 그러면 야망은 현실적인 목표와 결합될 수 있다. 이는 남성이 야망을 자극원으로 삼되, 야망에 휘둘리거나 야망을 사랑하지 않을 때라야 가능하다.

반면에 아동기에 자존감에 심한 타격을 받아서 자기애적 자기가 제대로 수정되지 않았다면, 어른이 돼서 야망을 실현할 계획이 틀어졌을 때 자기에 대한 비이성적인 과대평가와 열등감, 굴욕감 사이에서 흔들린다. 이는 이 책에 나온 나르시시스트 남성들에게 해당한다. 그들은 좌절감이 커지는 과정에서 애정 어린 지지를 받지 못한 채 거부당하거나 지나치게 응석받이로 자랐다. '자기의 가치, 아름다움, 사랑스러움'을 기분 좋게 확인하는 결과는 얻지 못하고, '고통스러운 수치심이 있는' 현실과 마주한 이들이다. 남성은 사랑하는 사람을 선택하는 것(공의존적 선택)으로 그 수치심을 극복하고자 애쓴다.

어머니의 역할은 복잡하다. 마스터슨에 따르면 어머니는 자신의 부족함 때문에 아이의 과대한 자기에 대한 공감이 부족해지기도 한다. 어머니의 자기애, 우울함, 정신적 상태 때문일 것이다. 마스터슨은 임상 경험을 통해 어머니의 무력한 거울반응이 특정한 정서적 위축에서 비롯됐을 텐데, 그 원인은 어머니가 자신의 평형 상태를 유지시키는 아이로 만들려는 욕구가 있지만 아이가 그 욕구를 좌절시키는 데 있다는 결론을 얻었다. 마스터슨은 이런 퇴행적 행동이 어머니의 예상을 충족해서 이를 통해 집착을 해소하며 불안을 완화하는 과정인데, 이런 퇴행적 행동에 대한 어머니의 보상을 코헛이 과소평가한다고 생각한다.

특별히 어떤 면에서 어머니의 부족함이 나타나는지 내가 속속들이 아는 바도 없고, 그 부족함과 별개로 생각해볼 부분이 있다. 이 책에 나오는 남성들은 거대자신감이 현실과 통합된 정도에 따라 성격에 미치는 영향이 달랐다.

힘과 위대함에 대한 아이의 초기 인식이 정신적 외상을 줄 법한 실망감으로 가득하지 않으면 발달이 잘 진행될 수 있다. 남자아이의 현실적인 이상과 목표는 어른이 됐을 때 자기애적 취약성과 수치심을 막아낼 성격상 최고의 보호막으로 작용한다.

수치심은 죄책감과 달리 사람들이 목표로 삼은 이상에 부응할 수 없을 때 생긴다. 이상을 현실적으로 수정하는 것은 공감과 성숙한 호혜적 사랑이 가능한 능력을 키우는 것과 더불어 자기애성 성격장애 치료의 목표가 된다.

나르시시스트 심리치료는 남을 향한 지나친 질투심을 바로잡고 자기애적 보급품을 얻으려고 기대하는 이상화를 깨는 것이 목표다. 리오는 완벽한 거울반응과 이상화에 대한 욕구가 강렬했고, 그 욕구가 좌절될 때 깊은 실망과 분노를 드러냈다. 나르시시스트는 저마다 다른 모습을 보이지만, 그들이 타인과 맺는 관계는 착취적이고 기생적인 경우가 많다. 매력적이고 호감 가는 겉모습 이면에 냉정하고 무자비한 모습이 감춰져 있기도 하다.

나르시시스트는 일반적으로 자존심을 채워줄 새로운 원천이 없으면 가만있지 못하고 지루해한다(클라이브, 웨이드). 남에게 찬사를 받고 동경의 대상이 되고 싶은 욕구가 크기 때문에(클라이브, 웨이드, 데일의 아버지) 지나치게 의존적인 사람으로 보일 때가 많다. 하지만 그들은 누구에게도 의존할 수 없다. 타인을 불신하고 평가절하 하는 마음이 있을 뿐 아니라, 무의식적인 시기심을 둘러싼 갈등과 관련해 그들이 마주하는 결과를 무의식적으로 만끽하기 때문이다.

정상적인 사랑

정상적인 사랑은 무엇일까? 사랑하는 상태를 나타내는 주요 특징 가운데 하나는 사랑하는 사람이 물리적으로 곁에 있지 않아도 정서적으로 함께 있는 기분이 드는 것이다. 이런 역설은 사랑하는 사람이 함께 있기를 갈망하면서 그 이미지를 재현하는 능력으로 구성된다. 그 사람이 외로움을 느낄 수 있으나, 거부당하는 기분은 들지 않는다는 뜻이다.

마틴 버그만Martin S. Bergman에 따르면, 인간은 건강한 방식으로 자신을 사랑의 대상으로 여길 능력이 있다. 건강한 자존감을 위해서는 어느 정도 자기애가 필요하고 바람직하다는 뜻이다. 앞서 언급했듯이 돌보는 사람이 소홀히 굴거나 지나치게 관대한 경우, 사랑의 대상으로서 자기에 대한 애착이 타인을 사랑할 능력을 방해한다.

성숙한 의식을 갖춘 정상적인 사람은 배타적인 부모의 애착에서 벗어나 배타적이지 않은 새로운 사람으로 사랑의 대상을 옮길 수 있다. 이른바 '사랑에 빠지는' 것이다. 여기에는 옛사랑을 애석해하면서 새로운 사랑을 찾는 능력이 필요하다. 이 책에 나오는 남성들은 이런 능력이 제대로 갖춰지지 않아서, 진정한 상호 관계보다 자신을 돋보이게 해줄 사랑을 추구했다.

버그만에 따르면, 의식적이든 무의식적이든 상대방에게 이전 상처의 치유자가 돼달라고 요구하는 게 정상이다. 이것이 제한된 범위에서 실현될 수 있다는 자체가 근본적으로 많은 연인에게 환멸감을 안긴다. 사랑의 변증법은 마음속의 바람을 담은 두 집단의 긴장 상태로 이해될 수 있다.

하나는 재탐색이라는 방향으로 작동해서 새로운 사랑의 대상이 어린 시절 부모의 이미지와 최대한 유사할 것이고, 다른 하나는 이 과정에 반대하며 어린 시절에 주요 대상(부모)에게 받은 상처를 치유해줄 사람을 찾고 싶어 한다. 이 모순된 소망 사이에 적절한 균형점을 찾는다면 행복한 사랑이 가능하다. 그렇지 않으면 갈등이 미해결 상태로 남아, 다양한 타협 형성compromise formation[26]이 발생한다.

사랑이 치유의 책임을 맡은 모든 것에 만병통치약은 아니라는 점이야말로 우리가 받아들일 수밖에 없는 불운한 운명이다. 사랑은 특히 시기심과 질투심, 경쟁심을 없애야 하는 임무가 있다. 실제로 사랑할 상대를 찾았을 때 다른 사람을 시기하거나 질투할 필요가 없다는 느낌은 사랑과 관련된 가장 짜릿한 감정으로 꼽힌다.

치료를 시행할 때 목표는 자기애적 사랑을 진실로 호혜적인 사랑으로 바꾸는 것이다. 나르시시스트는 시기심과 저돌적인 소망이 압도적으로 작용할 수 있어 사랑하는 데

---

26 갈등이 만들어낸 관념적 · 정동적 · 행동적 결과물. 본능적 욕동의 특정 파생물(소망과 환상)이 자아의 구속이나 초자아의 금지와 충돌해서 발생한다.

크나큰 어려움을 겪는다. 반면에 성숙한 사랑이 이뤄지는 순간은 이상화에서 벗어나 좀 더 성숙한 능력을 갖출 때다. 즉 자기 주변에 분명한 경계가 있을 때 확실히 이상을 공유할 능력이 생기면 성숙한 사랑이 가능하다. 건강한 자기애는 타인을 향한 사랑과 함께 나아가고 성장한다는 점을 강조할 필요가 있다.

연애 관계에서 두 사람은 자기애적 행복을 북돋는다. 버그만에 따르면 자기애는 사랑에 가장 큰 장애물이다. 현재의 자신과 되고 싶은 자신 사이의 긴장을 느끼지 못하면서, 자신이 이미 상상하는 모습이 된 양 대우받기를 고집하는 사람은 사랑하기 쉽지 않다.

코헛에 따르면, 나르시시스트의 정신분석이나 정신요법을 통해 얻는 중요한 결과는 자기경험이 강화된 덕분에 다른 사람을 사랑할 능력이 높아진 것이다. 이는 직업적 성취가 높아지는 것에도 맥락이 닿아 있다. 자신의 수용성에 안정된 태도를 갖춘 사람일수록 자기인식이 확실하고, 가치 체계도 더 안전하게 내면화된다. 즉 거부와 굴욕에 대한 지나친 두려움 없이 더 자신감 있고 효과적으로 상대에게 사랑을 줄 수 있을 것이다.

정신요법을 받은 나르시시스트 남성은 유아적인 거대자

신감이 점차 야망으로 통합되는 결과를 보여준다. 그는 자신에게 성공할 권리가 있다고 느낀다. 사회적으로 의미 있는 활동을 하고, 건강한 자존감을 장착해 현실에 적응한다. '공감, 창의력, 유머, 지혜' 같은 사회·문화적인 속성과 함께 '자기확대'와 '유아적 이상화' 성향이 어느 정도 지속된 상태로 '관용과 평정'을 갖춘 적당한 수준에 도달한다.

진정한 사랑을 하려면 관계에서 호혜성을 실행할 능력이 필요하다. 이 능력은 과거와 현재의 관계에서 경험치가 쌓이고 성숙해가며 발달한다. 이런 경험이 있는 사람은 주변의 소중한 이와 행복하게 살 수 있는, 참으로 운이 좋은 사람이다. 이런 삶을 누리려면 평생 정서적 수고를 게을리하지 말아야 한다.

CHAPTER 09

젊은 나르시시스트의 변화:
카버 이야기

카버에 대해 소개하기에 앞서 젊은 사람들에게 나타나
는 자기애 관련 성격적 특성을 몇 가지 살펴보자.

　정상적이든 병적이든 자기애는 활력, 진취성, 확실성, 응
집성, 자존감 등을 포함해 자신의 전반적 안녕을 지칭하는
경우가 많다. 자기애성 성격장애의 징후에는 방어적인 자
기과잉, 제대로 형성된 자기개념 결여, 타인의 찬사에 대한
지나친 의존, 서툰 대인 관계, 굴욕감이나 수치심이나 격노
같은 감정에 대한 취약성, 우울, 특권 의식이 포함된다. 타
인을 배려하고 사랑하고 타인에게 공감하는 능력은 고장
난 채 자기완벽을 집요하게 추구한다. 자기애적 방어에는
자기확대나 전능감, 이상화, 평가절하 등 자존감을 조절하
는 데 쓰이는 모든 요소가 포함된다.

카버는 청소년기 후반부터 대학에 재학할 때까지 나에게 치료를 받았다.

셰익스피어의 희곡 《리처드 3세Richard Ⅲ》에는 리처드가 다음과 같이 말하는 장면이 나온다.

그러므로 달콤하고 분칠한 말이 기승을 부리는 화려한 사교계를

미남자로서 군림하여 주름잡지 못할 바에야

차라리 악당이 되어

이놈의 세상의 그 헛된 쾌락을 증오해주고 말겠다.

1막 1장

샛별이 빛을 잃은 슬픔이 누군들 없겠습니까.

그러나 이제 아무리 슬퍼하셔도 이 재앙을 어떻게 할 도리가 없습니다.

대비 전하, 어머니, 용서하십시오.

거기 계신 줄 몰랐습니다.

이처럼 두 무릎을 꿇고 축복해주시길 간청하나이다.

2막 2장

무엇이 무서워 이러지? 나 자신인가? 나밖엔 아무도 없 잖은가.

리처드는 리처드를 사랑한다. 그러니 곧 나는 나란 말 이다.

5막 3장[27]

위에 인용한 부분은 카버의 유년기와 청소년기를 똑떨 어지게 요약해준다. 카버는 어린 나이에 읽는 법을 터득했 고 어휘력이 뛰어났다. 부모가 카버를 검사받게 한 결과, 아이큐가 아주 높았다. 동생이 줄줄이 다섯이나 태어났어 도 어머니가 카버의 응석을 다 받아주며 편애했다. 아버지 는 그런 아내를 비난했다. 아들에게 천부적 재능이 있으나 통제되지 않는 녀석을 다스리는 데 공포만 한 무기가 없다 고 느꼈다.

카버는 유치원에 다닐 때 사회성에 문제를 보였다. 카버 의 관심사는 자신뿐이었다. 어린아이에게 나타나는 정상

---

27 《리처드 3세》, 윌리엄 셰익스피어 지음, 신정옥 옮김, 전예원.

적인 자기중심 성향을 넘어서는 수준이었다. 유치원에서 그저 복수심에 불타 아무런 가책 없이 다른 아이의 장난감을 엉망으로 만들기도 했다.

사춘기에는 어머니의 관심을 두고 바로 아래 두 동생을 쥐 잡듯 하며 그들과 경쟁했다. 동생들은 신체적으로 매력 있는 사내아이지만 카버처럼 지능이 뛰어나진 않았다. 카버는 동생들을 창피 주고, 자신의 요구를 듣지 않는다며 비난하고, 복수심 가득해서 깎아내리는 말을 줄기차게 쏟아내 여러 측면에서 정신적인 충격을 안겼다. 두 동생은 카버의 언어폭력으로 크나큰 고통을 받았다.

카버의 어머니는 변덕스럽고 충동적이고 종종 극도로 흥분했다. 겉보기에 공감을 잘하는 사람 같지만, 자식들을 통제하며 존경을 기대하는 방법은 알지 못했다. 처음부터 마지막 출산 때까지 내내 버거워했다. 남편은 그녀가 아이들을 키울 때 적정선을 정하지 못하고 응석을 다 받아준다고 비난했다.

아이들의 필요를 채워주는 좋은 엄마가 되려고 필사적으로 노력했지만, 그 필요가 어느새 요구로 변해 발목을 잡았다. 그녀는 자식들에게 상처를 주는 사람에게 앙심을 품었고, 걸핏하면 과잉보호 모드가 되어 원한에 사무친 반사회적 행동을 보였다(카버가 열 살 무렵 덩치가 작아 놀림 받을 때, 그녀는 학교로 찾아가 교장을 만났다. 그러나 다른 부모들을 향해 격한 분노를 쏟아냈을 뿐, 아들이 따돌림 문제를 해결하고 자존감을 지킬 수 있게 도와주진 않았다).

카버의 어머니는 상극인 형제자매와 불안정한 부모님 슬하에서 자랐다. 젊은 나이에 잘나가는 회계사로 일하다가 남편을 만났고, 의사인 남편은 아내가 집에 머물며 자식을 돌봐주기 원했다. 훌륭한 전업주부가 되고 싶었고, 남편의 바람에 토를 달지 않았다. 그녀는 남편을 존경하는 한편 흠을 잡기도 했다. 그는 능력 있는 부양자고 실력이 뛰어난 의사지만, 아버지이자 남편으로서는 공감 능력이 없고 혹평을 달고 사는 사람이었다.

카버가 커가는 동안 어머니는 아이들을 더 낳았고, 아기가 태어날 때마다 젖을 먹이고 같이 놀아주며 돌보느라 여념이 없었다. 장남 카버 밑으로 두 아들과 세 딸까지 자식이 무려 여섯 명이었다. 자연스레 카버와 보내는 시간이 줄었지만, 카버의 요구를 늘 최우선에 뒀다. 이 점이 남편의 화를 돋웠다. 카버가 배고프다고 징징대면 어머니는 아기를 놔두고 음식을 차려줬다. 아버지는 아내에게 카버 좀 싸고돌지 말고 동생들 먼저 챙기라고 언성을 높였다. 그는 어린 카버를 방에서 쫓아내고 아내에게 다른 자식들을 돌보게 했다.

카버는 자신이 원하는 바를 어머니가 등한시하는 걸 알아차리면 아버지를 탓하며 악을 썼고, 아버지는 조용히 하라며 소리 질렀다. 카버는 어머니와 아버지에게 화가 나서 방을 박차고 나가기 일쑤였다.

어머니는 카버의 분노발작을 전부 받아주며 적당한 한계를 정하지 못했고, 아버지는 카버 또래의 정상적인 과대성에 가혹하게 반응하며 역시 적정 한계를 정하지 못했다. 다시 말해 두세 살짜리 아이가, 더구나 이른 나이에 글을 읽을 줄 아는 카버처럼 영특한 아이가 관심을 한몸에 받고 싶어 하는 건 일반적인 일이다.

어린 동생들이 있었기 때문에 아버지는 카버에게 그런 관심을 주기는커녕, 칭찬과 인정에 목마른 카버의 바람을 묵살했다. 아이 마음을 전적으로 맞춰주고 필요할 때 늘 곁에 있고 싶은 어머니의 바람은 역효과를 낳아 카버는 특별한 아이들에게 나타나는 안하무인식 과대성이 생겼다. 아버지는 아이에게 공포를 조성하는 것을 비롯해 강력한 징계 조치에 대한 믿음이 있었는데, 아내가 카버의 응석을 받아주는 양육 방식을 단념시키기엔 역부족이었다.

카버는 이 모든 상황이 혼란스러웠다. 카버가 어머니에게 가서 소리 내어 책을 읽으려고 하면 아버지는 책은 혼자 읽고 바쁜 엄마를 귀찮게 하지 말라고 했다. 초등학생이 된 카버가 칭찬받을 만한 일을 해냈을 때도 아버지는 칭찬에 인색했다. 도리어 몸이 부실하고 또래 남자애들보다 한참 작고 팀 스포츠에 소질이 없다며 카버의 자존심을 깎아내리고 기를 죽였다. 카버는 나중에 잘생기고 키가 훤칠한 사춘기 소년으로 성장했지만, 그의 내면에는 외모가 뒤떨어지고 또래의 수준에 못 미치는 꼬맹이라는 신체상이 계속 남아 있었다.

카버는 유아기와 아동기에 울고불고 성질을 부리고 쉽사리 달래지지 않아서 주변 사람들이 그에게 집중하게 만들었다. 이런 상태는 소년기와 청년기 초기에도 그대로 이어졌다. 사춘기에는 또래에게 거부당하는 경우가 많았는데, 커버는 이런 상황을 이해하지 못한 채 끊임없이 불평만 해댔다.

카버는 높은 성취도를 보이며 명문 대학교에 입학했다. 그는 머리가 비상하고 여러 언어를 구사했으며, 집안도 부유했다. 부모는 카버에게 거는 기대가 커서 아들이 곳곳을 여행하며 견문을 넓히도록 확실히 지원했다. 카버는 외국을 두루 돌아다녔고 낯선 땅에서 혼자 살아갈 능력이 있는데도 부모에 대한 정서적 의존도가 아주 높았다. 어머니에게 유난히 의존하면서도 자신의 모든 요구를 즉시 들어주지 않는다고 비난했다. 아버지에게는 두려움과 불신감에 시달렸다. 카버는 아버지를 자신보다 크고 뛰어나고 위협적이며 종종 냉정한 사람으로 여겼다.

카버가 치료 시간 초반에 한 이야기는 자신의 모든 요구를 들어주지 않았다며 부모를 탓하는 내용으로 가득했다. 일반적인 자기애성 성격장애 환자와 달리 카버는 나를 이상화하거나 받들어 모시지 않았으나, 내가 그의 말 한마디 한마디를 경청하고 부모나 형제자매 사이에서 생기는 다툼과 불화에 동정해줄 거라고 믿었다.

카버는 자기애적 성향이 완전히 발달한 환자와 달리 동생들을 깎아내리고 나면 잠시나마 그들의 심정에 공감할 줄 알았고, 자신이 동생들을 부당하게 괴롭혔음을 확인한 뒤에는 얼마간 양심의 가책을 느꼈다. 카버는 어떤 대가를 치르더라도 원하는 바를 얻으려는 이유나 또래와 건강한 관계를 맺지 못하는 자신의 무능함을 숨김없이 기술하는 동시에, 영악한 면모도 드러냈다.

카버는 자신에게 핵심적인 자기감이 없다고 생각했다. 자신은 남들이 원한 대로 만들어진 사람이라는 지적인 자기판단이 있었다. 그는 부모님에 의해 우수한 아들로 자랐지만, 뛰어난 운동 능력을 바란 아버지의 요구는 채워 줄 수 없다고 느꼈다. 성장호르몬을 맞은 덕에 180센티미터 넘게 자라서 운동선수 같은 외모가 됐으나, 경쟁적인 스포츠는 영 맞지 않았다. 카버의 아버지로서는 굉장히 유감스럽고 분통 터지는 일이었다.

카버는 아동기와 사춘기에 혼자 책을 읽고 좋아하는 발명 장난감을 갖고 놀며 시간을 보냈다. 그는 집에서 평안과 위로를 얻을 자그마한 공간을 만들었다. 뒤뜰에 우거진 나무 아래서 간식도 먹고 마음의 양식도 채웠다.

어머니는 지나치게 오냐오냐하고 아버지는 공격적으로 대하다 보니, 카버의 기질적 취약성이 악화됐다. 부모는 카버의 기질적 취약성을 조절하는 데 전혀 도움이 되지 않았다. 더구나 카버는 부모와 상호작용이 부족해서 남들과 어울리는 데 필요한 사회적 기술을 익히지 못했다.

부모는 카버의 신경질적인 기질을 누그러뜨릴 수도, 아들이 더 큰 사회 무대로 나가게 준비시킬 수도 없었다. 아

니면 아들이 뿌듯한 유능감을 발현하고 세상에 대한 소속
감을 키우도록 도와주는 차원에서 아들의 능력에 충분한
관심을 가지고 기특해할 줄 몰랐던 것 같다. 카버는 집이나
학교에서 외로운 아웃사이더 같다고 느꼈으니, 상처 받은
고통스러운 감정과 분노만 치솟았다.

카버의 아버지도 자기애성 성격장애 특성을 보이는 사
람이다. 유복한 집안에서 자란 그는 편애를 받았다. 그는
아버지처럼 의사가 됐지만, 형제자매는 제각각 집을 떠나
몇몇은 성공했고 몇몇은 빚과 약물에 시달리며 살았다. 그
는 운동선수 같은 기량을 키운 덕에 많은 남자와 돈독한 우
정을 다졌고, 기혼자로서 다른 커플들과 가벼운 우정을 나
눴다. 그와 아내는 컨트리클럽에 속했는데, 특권층이 드나
드는 사교 클럽 같은 곳에 연연하지 않았다. 이 점이 카버
와 달랐고, 카버는 그 때문에 부모님을 원망했다.

카버는 완전히 진행된 자기애성 성격장애가 있는 사람
들과 달리 타인에게 일시적으로 공감할 줄 알았지만, 아직
도 남을 조종하려 들고 건강한 관계에 이르지 못했다. 카버
의 부모도, 나도 그가 언제 진심으로 양심의 가책을 느끼는
지 확실히 알 수 없었다.

카버는 데이트를 별로 하지 않았다. 그는 어린 청소년들이 대부분 그렇듯 자신이 바라는 과대한 이미지를 확인시키고 지켜주는 데 쓸모가 있는 사교 모임에 나갔다. 카버가 보낸 청소년기 후반은 유아기와 별다르지 않았다. 그는 또래에게 지나친 관심을 받고 싶었고, 자신의 요구를 당장 충족해주지 않는 사람들에게 공격적으로 굴었다. 결과적으로 카버는 자신이 환영받지 못한다는 걸 알았고, 외톨이처럼 살았다.

카버는 남들에 대해 험담하고, 또래에게 통제권을 행사하길 바라고, 다른 사람들을 부정적으로 말하고 다녀서 그들이 복수할 기회를 노리게 만드는 등 잘못된 방식으로 또래와 연결 고리를 찾으려 했다. 카버는 다른 누가 비하한 사람에게 자기 속내를 털어놓으면 그의 마음을 얻고 우정이 생긴다고 오해했다. 카버가 다른 사람들을 배신했다는 사실을 절친한 친구가 알았을 때, 카버식 우정 쌓기가 역효과를 일으킨 게 한두 번이 아니다. 그는 험담을 이용해 진입하려 한 또래 관계망의 일원이 되지 못한 채 주변 사람들에게 미움을 샀고, 모임에서 자주 배제됐다.

카버는 부와 명예가 있는 사람을 병적으로 질투했고, 운동을 잘해서 팬을 몰고 다니는 남자애들을 못마땅해했다.

그의 집보다 훨씬 부유한 집안의 또래 틈에 끼길 바랐고, 그들의 소비력에 미칠 수가 없어 자격지심을 느꼈다. 카버는 자신이 쓸 수 있는 액수를 두고 부모님과 끈질기게 협상을 벌이는 한편, 어마어마한 부와 명예가 없다는 이유로 부모님을 유감스럽게 생각했다.

카버는 데이트할 기회가 별로 없다 보니 괜찮은 여자가 자신을 좋아하면 한껏 들떴다. 제일 오래간 관계는 대학에서 약 4개월간 이어진 연애인데, 애인이 여러 가지 관심사를 좇는 사이 카버가 조금씩 뒷전으로 밀리자 관계가 시들해졌다. 이 일은 카버에게 엄청난 타격이었다. 자신이 뭘 잘못했는지 짐작할 수 없었고, 여자친구가 정중하게 이별을 고했음에도 스스로 패배자라 여겼다. 카버는 자존감이 불안정해서 자신을 승자 아니면 패자로 봤다. 이 관계가 끝나자 하늘이 무너지는 기분이었고 분노가 엄습했다.

카버가 해결해야 할 난제 중에는 아버지와 관계가 있었다. 아버지는 카버를 진심으로 사랑했지만, 특권 의식은 용납하지 않았다. 툭하면 아들을 집 밖으로 내쫓겠다고 겁을 줬는데, 카버는 말뿐인 협박인 줄 몰랐다. 아버지가 카버를 소파에 내동댕이치고 나가버린 적이 있기 때문이다.

아버지가 언제 진담을 하고 언제 그냥 엄포를 놓는지 파악하는 데 오래 걸렸지만, 나중에는 카버가 공감 협박 작전을 배우기에 이르렀다. 절대 실행할 생각은 없는데도 자살하겠다며 협박해서 겁에 질린 어머니를 쥐락펴락하는 데 성공했고, 어머니는 성급히 카버의 편을 들었다. 카버는 자신이 공격성을 분출할 자격이 있다고 느꼈으며, 원하는 순간에 어김없이 곁에 있지 않은 어머니에게 갚아줄 당연한 복수로 여겼다.

카버의 아버지는 상대를 의도적으로 피하거나 완전히 묵살하는 자기애성 성격장애 특성을 아내와 아들에게 이용했다. 그는 언쟁을 벌이고 며칠 동안 아내나 아들과 말을 섞지 않았다. 카버는 깊은 상처를 받았고, 아버지에게 내쳐진 기분이 들었다. 카버 아버지의 병적 측면은 자신의 행동이 아들에게 어떤 영향을 미치는지 이해하는 데 걸림돌이 됐다. 카버가 아버지와 소통하기 바랄 때 아버지는 그 바람을 의심했고, 의견 차이가 있다면 대화는 일절 없을 거라고 선을 그었다.

아버지가 어쩌다 한 번씩 칭찬해주는 불규칙한 패턴 때문에 카버의 무력감은 오히려 증폭됐다. 부자간에 대화가 이어지는 유일한 시간은 카버가 아버지에게 갈구한 친밀감은 쏙 빠진 정치 영역을 다룰 때뿐이었다. 두 사람의 토론에는 권력과 통제에 대한 공통 관심사가 밑바탕에 자리했다. 그런 대화를 할 때, 아버지는 우선 카버의 생각을 칭찬하고 그의 관점에 의심을 표했다.

아버지로 인한 카버의 스트레스 반응은 두 남동생을 공격적으로 대한 관계에 고스란히 반영됐다. 두 동생은 카버와 소통하고 싶었으나 소용없었다. 학습된 무력감과 가학적인 소통 방식이 세대를 거쳐 퍼진 것이다. 나는 카버를 (동생들과 어머니를 괴롭힌) 언어폭력의 가해자인 동시에, 또 다른 피해자로 봤다. 유년기부터 이런 상황을 거친 결과, 카버는 대학교에서 인간관계를 맺고자 할 때마다 지겹도록 사회적 불안감에 시달렸다.

카버는 부모가 아들이 건강한 내면을 발달시키도록 도와주지 못한 채 특별해지기만 바라며 키운 소년이다. 마음 한편에 열등감이 있음에도 자신을 과장한 카버는 그가 보기에 동경할 만한 사람들을 우상화했다. 이상에 굶주린 카버는 자신에게도 답례로 찬사를 보내줄 것 같은 리더들과 어울리려고 노력했다. 사회적 지위가 중요한 그의 세상에서 대단하다고 꼽히는 사람이면 누구든 그 부류에 포함됐다.

카버는 나이가 들어가면서 나와 함께하는 치료를 통해 정확한 자기관찰 능력이 생겼다. 대학교 3학년 무렵에는 더욱 정상적인 자기애적 야망을 품고 정상적인 인간관계를 맺는 방향으로 나가는 중대한 변화의 조짐이 보였다. 이전에 쫓아다니던 부류에 비해 사회적 지위를 그리 의식하지 않는 친구들을 사귀었다. 카버는 드디어 남들에게 호감을 사는 기분이 뭔지 느꼈다. 내가 끊임없이 그를 이해해준 덕분에 다른 사람들 역시 그를 긍정적으로 이해했다. 카버가 남들에게 공감하고 더 친절한 방식으로 대할 수 있었기 때문이다.

이는 엄청난 변화다. 카버는 더욱 현실적인 장래 계획도 세웠다. 늘 그랬듯 열심히 공부하되, 적정한 속도에 맞춘 정치적 목표에 대비해서 로스쿨 입학을 일차 목표로 삼고 노력했다.

카버와 부모님의 관계에도 변화가 찾아왔다. 특히 아버지와 카버가 서로 존중하는 관계로 바뀌었다. 카버는 어머니의 취약성에 관해 생각하며 어머니를 더욱 현실적으로 보기 시작했다. 예전에 그와 어머니의 충돌이 그와 동생들 사이에서 반복되는 모습을 돌아본 결과다. 전반적으로 놀랄 만한 진전이다. 카버는 자신을 향한 남들의 행동에 반발하고 충동적으로 굴기보다 좀 더 주의 깊게 대처할 수 있었다.

나는 카버가 자기성찰적으로 살고, 자신의 참모습과 진정한 꿈을 품는 자기수용 능력이 더 커져서 자신이 이상화한 사람들에게 끊임없이 확인받을 필요 없이 지내기 바랐다. 그는 이제 에릭 에릭슨Erik Erikson이 말한 심리사회적 발달단계 중 두 번째에 해당하는 '수치심과 의심 대 자율성' 단계에 상징적으로 갇혀 있지 않았다. 일반적으로 이 단계는 한 살 반에서 세 살 사이에 나타난다.

심리사회적 위기는 카버의 요구와 그가 심리사회적으로 갇혀 있던 사회의 요구 사이에 빚어지는 갈등을 의미한다. 카버는 자신에 대한 관심과 타인에 대한 관심의 건강한 균형을 유지하는 법을 배워갔다. 카버는 이런 식으로 자신의 야망 실현만큼이나 간절히 바라던 가정생활과 결혼 생활에서 친밀함과 사랑이 있는 관계를 다져갈 수 있었다. 카버의 과대한 자기가 나이에 맞는 자기로 발달해감에 따라 이 세상과 그 속에 있는 사람들을 바라보는 시각에서 전능감과 위압적인 면이 점차 줄어드는 과정을 확인하는 것이 그가 받은 치료의 목표였고, 결국 그 목표가 실현됐다.

카버의 사례와 그가 받은 복합적인 치료는 처지가 비슷한 다른 사람들에게도 적용될 수 있다. 여러분은 카버나 그 부모의 성격 중 일정 부분을 이해할지 몰라도, 자녀에게 카버 같은 경험을 물려주고 싶진 않을 것이다. 카버나 몇몇 사례를 읽으면서 반드시 변화가 필요한 여러 특징을 여러분 자신과 자녀의 모습에서 인식할 줄 알고, 주어진 정보를 활용해서 더 건강한 가정생활을 꾸려가는 발판으로 삼았으면 한다.

CHAPTER 10

나르시시스트는
바꿀 수 있을까?

우선 누가 나르시시스트인지 다시 한번 검토해볼 필요가 있다. 이때 나르시시스트 사이에 유사점이 있지만, 각자 변화 가능성도 있다는 점을 명심해야 한다.

신화 속 나르키소스가 사랑에 빠졌을 때 그 상대는 물에 비친 자신의 모습, 즉 환영이었다. 나르시시스트와 사랑을 키우려는 사람은 그의 관점을 기꺼이 반영해줄 용의가 있다면 시도해도 좋다. 이 사람은 나르시시스트의 생각을 그대로 비춰주고 그의 목소리나 의견을 되풀이할 운명이라는 뜻이다.

상대방이 더는 이렇게 할 수 없을 때 나르시시스트는 상처 받기 쉽다. 나르시시스트는 자신이 구축한 자기상을 오직 잠재의식에서 알기 때문이다. 그는 힘과 명석함, 아름다움, 이상적인 사랑에 집착하지만, 다른 사람의 감정이나 필요를 인식하고 식별할 의사가 없거나 그럴 능력이 없다. 나르시시스트는 남보다 우월하다고 느끼며, 타인을 통제하고 장악하기 원한다. 늘 남의 관심을 갈구하고 타인이 주목받으면 분하게 여긴다.

나르시시스트는 자기만큼 특별하다고 믿는 다른 사람들과 어울리고 싶어 한다. 그는 다른 사람에게 터무니없는 기대를 하지만, 고마움은 느끼지 않는다. 특권 의식이 있고 자신이 원하는 것을 다른 사람이 갖고 있을 때 분개한다. 다른 사람들이 자신을 질투한다고 생각할 때도 있다. 핵심은 대개 나르시시스트가 사람들을 속여서 자신을 매력적이고 뛰어난 롤 모델로 믿도록 하고, 자신에게 헌신적인 사람에게만 진짜 모습을 보여준다는 사실이다. 새롭게 명성을 얻거나 부를 거머쥐면 자기애가 더 늘어나기도 한다.

어떤 나르시시스트는 공개적으로 격한 분노를 표출하는 법이 없고 겸손하고 다정해 보일지 모르지만, 사실 무자비한 사람일 수 있다. 외현적overt 나르시시스트와 내현적covert 나르시시스트 모두 불안감에 시달리며, 인정과 칭찬을 얻는 데 필요한 것에 의지한다. 외현적 나르시시스트가 협박을 무기로 쓰는 반면, 내현적 나르시시스트는 더 수동

공격적인 방법을 쓸 것이다. 이들은 자신이 원하는 바를 얻기 위해 남을 깎아내리거나 바보로 만들면서도 죄책감이 거의 혹은 아예 들지 않는다. 나르시시스트가 뭔가를 준다면 보답으로 다른 것을 얻기 위함이다.

이 책에 실린 신경외과 의사 웨이드, 개인 상해 전문 변호사 클라이브, 데일의 아버지(신경과학자), 무역업자 리오, 대학생 카버는 모두 성공과 지배라는 측면에 집중하는 외현적 특징을 보인다. 상처에 취약하고 열등감에 시달리는 내현적 특징도 드러나는데, 이 연약한 부분을 상쇄할 방법을 끊임없이 모색하고 영리하게 그 길을 찾아낸다.

자기애적 특성은 모든 사람에게 있고, 자존감과 자신감, 야망, 창의성, 전반적 행복 같은 긍정적 자질의 근원이 된다는 점을 다시 떠올려보자. 이 책에 언급된 나르시시스트 남성들은 이에 해당하지 않는다. 이들은 자신감과 리더십, 혁신성을 뽐내는 활기차고 호감 가는 사람처럼 보이지만, 이 특성이 지나치게 드러나거나 짐작이 되거나 병적으로 흘러갈 때 관계에 균열이 생기는 건 불 보듯 뻔하다.

이들에게는 직업과 배우자, 동료, 자식 심지어 모르는 사람도 자기애적 보급품을 충족해준 대상이었다. 그러다 직장이나 일상생활에서 거부당하고 불안정한 상태에 처했다. 이들은 하나같이 자기상을 지나치게 의식해서 정상적이고 안정적이고 영향력 있고 우세한 모습을 보이고 싶어했다. 이들은 전반적으로 성공한 사람이기에, 다른 사람들은 이들이 안정적이라고 믿었다. 하지만 이들은 자기애적 보급품이 차단당할 때 어김없이 무시당한 기분이 들고 상처를 받았다.

외현적·내현적 분노는 자기애적 보급품이 차단된 상황에 이들이 보이는 반응이다. (리오와 카버를 제외한) 이들은 격한 분노가 대개 내현적이고 수동공격적으로 나타났다. 신경외과 의사 웨이드는 배우자가 자신의 요구에 이의를 제기할 때, 집 안을 끊임없이 돌아다니면서 절대 쉬지 않고 과다한 활동을 하고 혼란 속에 분노를 숨겼다. 변호사 클라이브는 분노를 감추기 위해 배우자를 배제하고 완전히 무시하는 방법을 썼다. 데일의 아버지 역시 딸이 자신의 요구에 응하지 않는다고 느끼면 완전히 묵살하는 카드를 꺼냈다.

무역업자 리오는 이들과 달랐다. 그는 자신이 지시한 방식대로 반응을 얻거나 이해받는 기분이 들지 않으면 치료 시간에 분노를 표출했다. 그가 왕년에 수백만 달러를 벌고 잘나갔다고 해서 취약성이 없어지진 않았다. 계속해서 더 큰돈을 벌지 못했고, 친구와 아내로 만족할 수도 없었기 때문이다. 카버는 어머니와 동생들에게 공공연히 분노를 표출했고, 이런 자기표현이 당연한 권리라고 느꼈다.

중·장년 남성들(웨이드와 클라이브, 데일의 아버지, 리오)이나 젊은 카버 중에서 자신이 상처 준 이들에게 한결같은 마음으로 양심의 가책을 느끼는 사람은 없었다. 이들이 얻는 건 실체와 정반대로 그려진 환상이었음에도 이들에게는 개인적인 이득이 근본적으로 중요한 문제였다. 이들은 어떻게 달라질 수 있었을까?

다섯 명 모두 부분적이나마 변화를 보였다. 어떻게 바뀌었는지 살펴보자.

에이바와 웨이드

에이바는 누가 교묘하게 사람을 조종하는 걸 간파하기가 항상 쉽진 않음을 알았지만, 웨이드가 에이바의 훌륭한 경력과 취미 생활과 분별력을 묵살했을 때 그가 만만찮은 나르시시스트임을 깨달았다. 에이바는 자신감과 자기주장을 잃고 자신에 대한 확신도 못 느끼고 자신의 의견이 웨이드에게 가닿기 힘들다는 걸 알아차리자, 점점 학대당하는 기분이 들었다. 슬프고 우울하고 불안하고 심란했으며, 자기가 좋아하는 것은 웨이드가 비하하기 때문에 제대로 즐길 수 없었다. 에이바의 요구는 근거 없는 것으로 취급받았고 감정도 묵살당했다. 자신에게 특권을 부여한 성공한 남성 웨이드의 눈에는 아내 에이바가 제정신이 아닌 사람으로 보였다.

에이바가 웨이드의 동기와 행동에 이의를 제기하자, 잠재된 그의 취약성이 드러났다. 그녀가 훌쩍 집을 떠나는 독자적인 행동을 취했을 때, 웨이드는 충격을 받았고 무시당한 기분이 들었다. 에이바가 주말 동안 내면의 요구를 탐색하거나 자존감을 구축하거나 혼자 쉬겠다는 이유로 그의 곁을 떠난다는 게 웨이드 입장에서는 도무지 믿을 수 없는 일이었다.

웨이드는 한시도 가만있지 않으려고 콘서트며 연극 공연장이며 박물관에 드나들어야 한다고 지나친 요구를 하는데, 에이바는 그 요구를 항상 따를 마음은 없다고 했다. 웨이드는 그런 아내를 이해하기 힘들었고, 자신이 처한 상황이 불공평하다고 생각했다. 그는 불안하고 불안정한 상태에 빠져, 이전에 익숙하게 하던 모든 것을 더는 즐기지 못했다. 에이바는 웨이드의 양육 방식과 의료 업무, 사람들 앞에서 장황하게 떠들어대는 모습을 문제 삼았다. 그는 마음에 상처를 받아 정신을 차리지 못할 지경이었다.

웨이드는 이 모든 상황으로 나에게 부부 치료를 받으러 오는 데 동의했다. 부부가 함께하는 치료 시간에 웨이드가 너무 우위를 차지하려고 하자(실제로 에이바가 자리를 박차고 나가버린 적이 있다), 결국 나와 개별 치료를 진행하자는 의견에 동의했다. 웨이드는 개별 치료를 통해 긍정적이고 실질적인 변화를 보이기 시작했다.

웨이드는 부주의하게 굴 때 주변을 아예 의식하지 못하는 점이 눈에 띄었다. 그는 자기관찰 기능이 작동되지 않았고, 에이바는 순간순간 자신이 그에게 존재하지 않는 사람 같다는 느낌이 들었다. 에이바는 화가 치밀 때 자기 안의 세계로 틀어박히는 데서 공격성 징후가 드러났다. 그녀는 분노의 영향권에서 다른 사람들을 보호하고 화를 안전하게 표출하는 방편으로 자리를 떠나 틀어박히는 쪽을 택했다. 하지만 에이바는 웨이드가 혼자 뭔가에 심취하거나, 그녀의 감정이나 의견을 묵살할 때면 분노가 치솟았다.

웨이드는 자신이 모든 것을 주는데 그 대가로 사랑도, 성적인 만족도 얻지 못한다는 잘못된 의식이 있었다. 심리치료를 받는 동안 그 생각이 잘못됐음을 깨달아갔다. 이를 통해 그는 불길이 꺼져가는 관계 속에 있는 처지를 자각했다. 웨이드는 자신이 친절이나 좋은 의도라고 여기는 부분을 의심해보고, 혹시 에이바의 요구를 이용하지 않는지 확인해봐야 했다.

웨이드는 자신이 남의 말을 경청하는 사람이 아니라는 사실을 받아들일 수밖에 없었다. 에이바의 의견에 관심이 있다고 굳게 믿어보려 했지만, 사회적 지위를 중시하는 그의 가치관이나, 자식들의 학업에 지나치게 관여하는 그의 방식이나, 자식들의 취업 성공을 보장해줄 그의 인맥에 관해 의견을 달리하는 아내를 보면 대놓고 비판하는 소리가 나왔다.

웨이드는 자식들이 아버지가 도무지 선을 지킬 줄 모르고 간섭한다며 어머니에게 불만을 토로할 때 비로소 (혹시 자신의 동기를 제대로 인식하지 못했을지라도) 자기가 부적절한 행동을 했다는 사실을 어느 정도 받아들였다. 그는 자신이 잘못했다고 느끼지 않았지만, 유감스러워도 자식들의 불만은 인정해야 할 문제라고 여겼다.

웨이드는 자기가 없으면 자식들이 성공하지 못할 거라고 생각했다. 이 부분에는 미심쩍은 요소가 있다. 그는 자기 일에 몰두해서 자식들의 초기 학업 과정을 방치한 전력이 있기 때문이다. 아이들이 청소년기에 접어들었을 때 스스로 공부하는 습관이 들지 않아서, 웨이드가 과제를 체계적으로 정리하는 방법을 가르치며 아이들이 과제를 수행하는 데 부족한 부분을 채워줬다. 종종 그는 아이들 대신 과제를 해주기도 했는데, 이는 그의 자기애가 고스란히 표출된 행동으로 볼 수 있다.

나는 웨이드가 상황을 직접 확인하도록 도와줬다. 아내의 명확한 경계 설정이 도움이 되리라는 걸 웨이드가 알 필요가 있었다. 그러자 그들의 결혼 생활이 나아졌다. 에이바는 남편의 자기애적 행동에 새로운 규칙을 만들었고(예를 들어 부부가 함께 여행할 때 의사 결정 과정에 그녀를 포함하기), 웨이드는 이해하지 못해도 그 규칙에 따랐다.

에이바는 다시 자존감을 쌓고 자신의 요구를 충족하고 관심사를 추구하는 데 집중하는 사이, 한 인간으로서 자신의 가치가 나르시시스트인 남편에게 달려 있지 않음을 깨달았다. 웨이드는 가족과 좋은 관계를 유지하고 싶어 했으므로, 에이바는 그의 실질적 자기중심성을 건드릴 방법을 고민했다. 그녀는 원하는 게 있을 때 그가 뭘 해야 할지 직접 말하는 방법을 택했다.

에이바는 남편을 떠날 마음이 전혀 없으며, 사실상 썩 괜찮은 그들의 가정생활을 유지하고 싶었다. 그녀는 남편의 의견에 상관없이 자기가 하고 싶은 것을 했다. 앞으로 필요할 것 같아 집을 다시 디자인하기도 했다. 에이바는 경험치가 쌓일수록 더 지혜롭고 강인해졌다. 마침내 두 사람은 에이바가 자신을 사랑할 줄 아는 더욱 건강한 관계를 구축했다.

웨이드는 아내와 아이들을 사랑하고, 아내의 말에 따라 그가 가족에게 미치는 영향을 인식했기 때문에 (어느 정도) 행동을 바꿔갔다. 그는 에이바가 혼자 시간을 보내야 한다는 걸 받아들이고, 아이들이 아버지와 떨어져 좀 더 독립적으로 생활할 필요가 있음을 인식하면서 조금씩 의식 있는 남자로 진화했다. 웨이드는 좋은 관계를 위해 남의 의견에 귀 기울이는 능력을 배워야 했다.

로라와 클라이브

취약성은 그 실체를 무심코 드러내는 행동에서 엿보이기도 한다. 로라는 학생 때부터 클라이브가 후하게 쏟아내는 관심과 칭찬에 둘러싸여 있었다. 클라이브는 로라에게 첫눈에 반했고, 결혼한 뒤에도 간간이 그녀에게 푹 빠진 모습을 보였다. 나중에는 그가 콘서트며 연극 관람, 여행, 고급 만찬 행사 등 바깥 활동을 끊임없이 해야 하는데 로라가 집에 머물고 싶어 해서 자신을 방해한다는 소리를 하기 시작했다.

로라는 클라이브 때문에 버림받은 기분과 수치심이 들었지만, 정확히 뭐가 어떻게 돌아가는지 이해할 수 없었다. 클라이브가 불륜을 저지르며 자신을 속이고 있다는 사실을 모른 채 살았다. 일상 대화에서 클라이브는 다른 사람들을 거짓말쟁이니 나르시시스트니 여성 혐오자니 사기꾼이니 하며 비난했는데, 사실은 자신의 특성을 주변 사람들에게 고스란히 투사하고 있었다.

결혼 생활을 수십 년 이어온 뒤 로라가 클라이브의 배신을 알았는데도 그는 로라에게 선물과 꽃다발 세례를 퍼붓고, 문자메시지와 통화를 멈추지 않았다. 로라는 이런 노력에 고마워하고 싶었지만, 마음이 더 차갑게 식는 걸 느꼈고 그의 손길도 견딜 수 없었다.

로라는 처음에 자신을 반하게 한 클라이브의 사근사근하고 매력적인 태도가 이제는 마음에 들지 않았다. 클라이브는 로라가 자신의 동기나 행동에 이의를 제기하면 완전히 묵살하는 전형적인 수동공격적 전략으로 일관했다. 이는 통제권을 쥔 채로 말없이 로라를 바보로 만드는 클라이브의 대응 방식이었다. 시간이 지나면 아무 일도 없었다는 듯 행동하는 클라이브 때문에 로라는 혼란스럽고 막막했다.

로라는 심리치료를 받으면서 매우 연약하고 불안정한 남자와 살고 있음을 깨달았다. 클라이브는 로라와 자식들의 관계뿐만 아니라 그녀가 평범한 친구들과 나누는 우정도 시기했다. 이제 로라의 눈에는 클라이브가 교묘한 수를 쓰는 게 업계의 유명인이나 대표 인사에게 동경의 대상이 되고자 안간힘을 쓰는 모습으로 비쳤다. 상처 받기 쉬운 클라이브의 연약함이 점점 분명하게 드러났고, 로라는 안쓰럽지만 예전보다 거리를 둔 입장에서 동정했다.

클라이브는 외도를 저지른 걸 사과하고 부끄럽게 생각한다고 말하면 모든 게 정상으로 돌아가리라 기대했다. 그가 후회하는 기색을 보일 때 진심이었든 아니든, 모든 것이 정상적인 생활로 돌아갈 수 있으리라 기대했다는 부분이 희한하다. 로라 역시 평범하게 살고자 노력했지만, 그럴수록 자기도 클라이브 같은 거짓말쟁이가 된 느낌이었다. 혼란스럽고 무질서하고 불안정한 정신 상태에 빠졌다. 혼자 힘으로 성공하기를 두려워하는 자신을 정면으로 마주하며 찬찬히 살핀 뒤에야 독립적인 여성으로서 더욱 분명한 미래를 볼 수 있었다.

생각이 정리된 로라가 이혼을 요구했다. 클라이브는 그녀에게 필요한 실질적인 변화를 보여줄 수 없으리라 생각했기 때문이다. 내 환자로 심리치료를 받을 때 그녀는 클라이브가 반드시 긍정적인 변화를 보여줘야 하고 그러기를 바라는 마음을 표현했지만, 이 상태로 부부 관계를 유지할 수 없었다.

클라이브는 한동안 치료를 받으러 오다가 그만뒀다. 그는 자신이 상황을 장악하고 통제할 수 없는 치료 환경의 한계를 받아들이며, 터놓고 소통하는 데 어려움을 겪는 나르시시스트의 전형을 그대로 보였다. 나중에 클라이브는 다른 치료사를 찾아서 치료를 이어갔다. 로라가 나름의 성취를 거두고, 진로를 모색하고, 이혼을 선택하기에 이른 이모든 독자적인 행보를 클라이브가 다행히 받아들인다면, 최소한 그들의 관계에서 나타나는 자신의 단점과 마음속의 혼란을 찬찬히 복기해볼 수 있을 것이다.

데일과 아버지

데일의 아버지는 가장 큰 변화를 보여준 사례다. 그는 딸이 청소년기 발달 과정을 겪으며 부모화된 아이의 역할에서 벗어나고 싶어 할 때, 아내의 조언을 듣고 새로운 양육 방식을 시도했다. 자기애적 성향이 강한 아버지로서 그가 보여준 노력과 회복력을 인정할 만하다. 아내와 딸에 대한 사랑이 거대자신감이나 인정 욕구보다 우선했다.

데일 아버지의 병적 자기애는 이 책에 소개한 다른 남성들만큼 단단히 뿌리박히지 않았다. 그는 글을 쓰고 싶어 하는 데일의 꿈이 가치 있다고 생각했고, 집필 주제에 대한 딸의 의견을 인정했다. 이 모든 것은 아내의 영향이자, 딸의 관점을 경청한 결과이자, 부모 지능 접근법 개념을 길잡이 삼아 가족이 협력해서 논의한 결과물이다.

리오와 일라이

리오는 모든 측면에서 변화에 가장 어려움을 겪은 사람이다. 관계에 대한 다른 사람들의 시각과 관점을 받아들이는 능력에 한계가 있었기 때문이다. 리오는 치료 시간에 주로 자신의 자기애적 사고가 반영되고 이해받기를 원했다. 성적으로 끌리지 않는 일라이와 일부일처제 관계에서 벗어나, 많은 여자를 만나고 자유로운 성생활을 하는 게 그의 바람이었다. 리오는 자신에게 힘을 부여해줄 것 같은 관계를 꿈꾸는 마음이 외로움만 안겨주고 성취감이라곤 없을 거란 생각을 밀어냈다.

일라이는 리오에게 별로 요구한 게 없어서, 그는 결정을 내리는 데 자신의 불안정한 도덕성에 의존했을 뿐이다. 리오는 자신이 머릿속에 그린 미래의 삶을 선택하느냐 마느냐 하는 구체적인 결정은 치료사인 내가 내릴 문제가 아니라는 사실을 깨달았다. 그가 의사 결정자가 돼야 했다. 여자들과 수시로 가볍게 잠자리하는 관계를 맺으려는 생활방식에 관해서라면 더더욱 그랬다.

리오가 보여준 한 가지 변화는 예전의 확고한 신념에 의문을 품었다는 사실이다. 모든 사람이 그의 세계관을 믿고, 뭔가 교환할 때 항상 이문이 남아야 한다는 게 여태껏 그의 신념이었다. 말하자면 착취의 철학이 그의 마음속에서 모든 관계를 결정지었다. 그러다 심리치료를 통해 사람과 사람의 관계는 상호작용과 상호 의존을 불러올 수 있다는 인식이 처음 열리면서, 리오는 어떤 관계를 선택할지 고민하는 새로운 방법을 모색했다.

카버

10대는 대체로 자기중심적일 수 있지만 결국에 그 성향이 없어진다. 자기애적 성향이 강하고 자기도취적인 10대는 나르시시스트와 똑같은 특성을 보이는데, 이런 특성은 발달의 한 단계로 오해될 수도 있다. 비호감이나 자기혐오, 깊은 열등감에 대한 두려움을 솔직히 인정한 카버에게는 해당하지 않는 이야기다. 카버는 동생들에게 비판적이고 잔인하고 가학적으로 행동했다. 어머니의 관심을 받는 동생은 그가 질투할 대상일 뿐이었다. 이런 행동은 카버에게 일시적으로 힘을 실어주는 것 같았지만, 그의 취약성을 가려주진 못했다.

카버는 청소년기 중반에 자신이 어떤 면에서 남들보다 우월하고 재능이 많은 사람이라 여겼고, 마음속에는 자화자찬이 충만했다. 이런 자기상이 사회적으로 이의에 부딪히면 분노하고 억울해하고, 심지어 공격적으로 굴었다. 카버는 공감 능력이 부족하고, 세상이 자신에게 빚지고 있다고 믿었다. 그가 더없이 중시하는 칭찬을 받는 것도, 설령 다른 사람들에게 감정적·신체적으로 혹은 윤리적으로 해를 끼치더라도 하고 싶은 일은 뭐든 하는 것도 타고난 권리라고 주장했다.

카버는 또래 친구에게 군림하고 싶어 하는 반면, 그들과 잘 어울리지 못하는 것 같았다. 다시 말해 건강한 관계를 맺는 데 어려움을 겪었다. 그의 허세 이면에는 주기적으로 찾아오는 무기력과 짜증, 분노, 눈물, 감정 기복, 자가 격리 상태가 따라오는 오래된 슬픔이 존재했고, 불규칙적 식사와 수면 습관이 동반되는 경우가 많았다. 카버는 우울병 삽화depressive episode[28]와 갑작스러운 분노 폭발, 공황발작, 전반적인 불안정 상태에 빠지기 쉬웠다.

청소년기 후반을 보낼 즈음에는 심리요법으로 큰 도움을 받았다. 기분을 다스릴 줄 알았고, 긍정적인 학업 계획을 세웠으며, 사람들 사이에서 거부당하는 상황이 벌어져

---

28 기분 저하와 집중 장애, 심한 피로감 등 우울 증세가 나타나는 기간.

도 예전보다 빨리 털고 일어났다. 창문이 닫혀 있으면 열어 줄 사람들을 찾게 되었다. 또래 친구들과 새로운 동아리에 들어 책임감 있는 리더 역할을 맡았다. 우수한 성적을 거뒀고, 학교에서 다양한 직책으로 사람을 뽑는 면접도 잘 치렀다. 자신이 잘못한 경우 남들을 이용해서 교묘히 모면할 수 있다는 믿음이 예전보다 약해지긴 했지만, 갖고 싶은 물건이나 특별히 놀러 가고 싶은 곳이 생기는 등 원하는 게 있을 때 부모님에게 집요한 작전을 써서 목적을 이뤘다.

카버에게 나타난 변화에서 중요한 부분은 지위가 높은 또래와 어울린다고 자신의 가치가 올라가지 않는다는 걸 깨달았다는 점이다. 그 자체가 진정한 성장이다. 긴 여정이 남아 있지만, 카버가 올바른 질문을 던지기 시작했다는 의미가 크다. '내가 너무 많은 걸 기대하나?' '나한테 다른 관점이 생길 수 있을까?' '동생들을 대하는 방식에 죄책감이 들어야 하나?' '나는 이기적일까?' '나의 열망을 충족하는 데 필요한 현실적인 조치는 무엇일까?' 이런 질문은 카버가 정신적으로 더 건강한 방향으로 나가는 과정에서 나타난 주요한 변화다.

정신적 외상이 뇌에 미치는 영향

나르시시스트 남성들의 취약성으로 배우자와 자녀들은 삶의 질과 행복, 안전, 자신감에 큰 영향을 미치는 보이지 않는 전투에서 자신들이 부상 당했다는 사실을 인식하게 됐다. 이런 정신적 외상은 뇌에 영향을 미친다. 샤히다 아라비Shahida Arabi에 따르면 뇌의 편도체(감정을 처리하는 부분)는 정신적 충격을 받았을 때 활동 항진 상태가 되는 반면, 내측 전전두피질과 해마(학습, 기억, 의사 결정을 다루는 부분)는 정신적 외상 앞에서 약화된다.

유해한 자기비난self-blame의 태도는 정신적 외상을 당한 사람들이 자신을 용서하지 못하게 하고, 자신에게 가혹한 잣대를 들이대게 만들어 치유 과정에 상당한 걸림돌로 작용한다. 이 책에 나오는 여성들에게 해당하는 내용이다.

나르시시스트와 관계에서 공의존자가 자신을 이해하는 데 왜 그토록 오래 걸리고 정신적 외상이 그들에게 어떤 영향을 미치는지 제대로 이해하려면, 이런 관계에서 비롯된 정신적 외상이 뇌에 미치는 영향을 알아야 한다. 아라비에 따르면, 나르시시스트의 행동 패턴에 시달린 많은 사람은 끊임없이 자신을 돌아보고 예측해보지 않고는 집중도 못하고 결정도 내리지 못한 채 항상 혼란의 '안개' 속에 갇힌 기분이 든다.

정신적 외상을 당하면 뇌에서 계획, 인식, 학습, 의사 결정을 다루는 부분이 감정을 담당하는 부분과 연결이 끊어진다. 그 사람의 뇌에서 이 두 영역의 소통이 단절될 수 있다. 나르시시스트에게 피해를 당한 사람이 정신적 외상과 자기 자신의 대화를 시작하려면 전문적인 지원과 검증, 맞춤형 방안이 필요하다.

앞에 살펴봤다시피 나르시시스트 남성은 심리 작전과 은밀한 조작에 능수능란하다. 생존자(공의존자)는 자신이 경험하는 현실이 착취 상황인지 아닌지 마음속에서 벌어지는 전투에 시달린다. 나르시시스트가 위대하게 포장한 거짓 이미지를 세상에 제시하고, 이 이미지를 본 공의존자는 착취를 의심하는 마음을 밀어내기 때문이다. 이는 비난을 부추기는 일종의 인지 부조화다.

나르시시스트는 배우자에게 통제권을 행사하고 나면 배우자를 평가절하 하고 학대하기 시작한다. 자기비난은 정신적 외상의 증상으로 나타나는 경우가 많지만, 치료 과정에서 자기용서와 자기연민으로 진화할 수 있다. 이는 대다수 공의존자가 자신을 되찾았을 때 나타나는 모습이다.

수많은 나르시시스트는 어마어마한 자기반성과 지원이 수반되면 어느 정도 바뀔 수 있다. 이 변화는 당연히 그들이 맺는 관계에 영향을 미친다. 하지만 이 자체가 대다수 사람에게 엄두가 나지 않는 치료 과제다. 나르시시스트가 결국에 대대적으로 변할 것이라는 긍정적인 전망은 여전히 의문이다. 분명한 건 나르시시스트 남성이 과거의 삶 때문에 현재 상황이 영향을 받는 현실을 붙들고 고심하는 사이에 확실히 특정한 변화가 일어나며, 그런 변화가 인정받아 마땅하다는 사실이다.

CHAPTER 11

문화가 자기애에
미치는 영향

문화의 다양한 구성개념은 사람들이 자신을 보는 관점에 영향을 미친다. 문화가 자기애에 영향을 미치느냐고 물을 때, 이는 문화가 자기애성 성격장애의 원인이냐고 묻는 게 아니라 문화가 자기애성 범주에 있는 사람들이 하는 생각을 강화하는지 묻는 것이다. 아널드 쿠퍼Arnold M. Cooper는 현대 서구 문명에서 개인의 야망에 극도로 집중하고 타인에 대한 관심이 사라지고 즉각적인 만족을 요구하면서 '나 먼저me first' 문화가 생겨났다고 말한다.

　우리는 각 세대가 자기애성 성격장애가 있는 사람이나 자기애성 범주에 있는 사람에게 영향을 미치는 폭넓은 관점의 여러 가지 사회적 가치를 어떻게 만들었으며, 이 가치가 자녀 양육의 향방을 좌우하는 양육 관습에 어떻게 영향을 미치는지 알아볼 필요가 있다. 이 부분에 대해 차근차근 살펴본다.

현세대의 가치와 신념이 자기애성 범주에 있는 사람에게 미치는 영향

진 트웬지Jean Twenge는 《Generation Me나 세대》에서 일반적인 세대 구분과 호칭을 설명한다. 1943~1960년은 베이비부머 세대, 1961~1981년은 X세대, 1982~1999년은 지은이가 '나 세대'라고 지칭한 밀레니얼 세대다. 지은이가 전국적으로 대표 표본을 꼼꼼히 조사한 연구 결과는 젊은 이들이 자신에 대해 말한 것을 근거로 했다. 나는 지역, 인종과 민족 집단, 사회계층, 남녀를 가로지르는 전체적인 흐름을 살펴볼 것이다.

트웬지에 따르면 1960년대 초반에 사람들은 가장 중요한 가치를 정직과 근면, 성실, 충실, 타인에 대한 관심이라고 말했을 것이다. 자기애적 관점으로 보면 타인에게 관심을 둔다는 건 만만찮은 문제다. '나 세대' 젊은이들은 사회적 규칙을 따르거나 집단의 요구를 중시하기보다, 자신의 요구를 우선하고 자신의 행복감에 집중하라고 배운다.

크리스천 스미스Christian Smith는《Souls in Transition변화하는 영혼들》과《Lost in Transition변화 속에 길을 잃다》에서 18~23세 젊은이들을 인터뷰했다. 그는 미국의 청년층이 대부분 도덕적 개인주의를 옹호한다는 걸 확인했다. 이 말은 도덕성(개인이 생각하는 옳고 그름)이 개인의 선택이라는 뜻이다. 인터뷰에 응한 젊은이들은 "사람들은 남을 도울 의무가 없다. 그건 개인에게 달린 일이다"라고 말했다.

스미스는 이제 막 어른이 된 이들이 대부분 도덕적 추론의 특정한 근거를 알지 못하는 것 같고, 무엇이 도덕적이고 비도덕적인지 스스로 판단한다는 결론을 얻었다. 포용력은 커졌지만, 이는 모든 사람이 어떤 규칙을 준수할지 결정할 자유가 있다는 단서를 달고 있다. 이런 사회적 변화는 공감(다른 사람의 입장에 서보는 것)을 논외로 치거나, 아예 이해하지 못하는 자기애적 태도와 관계가 있다.

도덕적 관점에 대해서는 트웬지가 2012년 고등학생을 대상으로 한 연구에 더 자세한 설명이 나온다. 현실 세계에서 성공한 사람은 설령 남들 눈에 부정한 행위로 보일지라도 원하는 바를 얻기 위해 필요한 건 무엇이든 한다는 데 조사 대상 학생 중 57퍼센트가 동의했다. 대다수 학생은

'목적이 수단을 정당화한다'고 믿었다.

이 결과를 보니 리오가 떠오른다. 그는 조종과 착취가 세상이 돌아가는 방식이라고 믿었다. 웨이드에 대해서도 생각하게 된다. 그는 자식들의 숙제를 대신 했고, (결국에 그렇지도 않았지만) 성적이 좋아진다면 부정행위라고 여기지 않았다. 치료를 시작할 때 카버도 생각난다. 그는 사람들이 성공하는 원인에 대한 나름의 관점이 있었다. (경력을 쌓기 위해 열심히 일하기보다) 부유하고 유명한 사람들과 인맥을 쌓는 게 최선의 길이라고 믿었다.

이런 사례에는 '무슨 수를 써서라도 성공하고 보자'는 사고방식이 있다. 성공이라 정의한 지점에 다다르기 위한 수단이 궤도를 이탈해 끝내 돌이킬 수 없는 결과를 초래한 예가 있다. 월드컴과 엔론의 어마어마한 사업 비리와 2000년대 후반의 모기지 붕괴 같은 사태다. 트웬지에 따르면, 이런 사건은 더 많은 돈을 벌기 위해 규칙을 깨고 거짓말을 해도 '그까짓 것 괜찮아'라는 사고방식을 보여준다. 이것이 바로 자기애의 무자비한 속성이다.

특권 의식은 나르시시스트의 또 다른 문제다. '나 세대'는 권위를 인정할 필요 없고, 자신이 원하는 대로 할 권리는 있다고 믿는다. 카버는 처음에 이 기준에 따르곤 했다.

오늘날 과학기술은 타인의 감정을 무시하는 데 결정적인 역할을 한다. 수시로 문자메시지가 오가는 스마트폰에 뜨는 무뚝뚝하고 짧은 문구에는 수신자의 반응이 보이지 않고, 공감적인 의견도 눈에 띄지 않는다. 페이스북을 비롯한 SNS에서는 남을 공격하고 교묘히 빠져나가기 쉽다. 트웬지에 따르면, 과학기술이 어떤 면에서는 우리를 더 비열하게 만들었다. 그 정도는 아니라도 비열하게 굴 수 있는 익명의 장소를 제공한 건 분명하다.

트웬지는 자기애가 다른 무엇보다 중요하던 1990년대에 여기저기서 유행한 '자존감'이라는 용어에 대해서도 논한다. 수많은 미국인은 삶이 자기의 욕구에 초점이 맞춰져야 한다고 느꼈다. 이런 자기중심성은 역사적으로 베이비부머 세대부터 생겨났고, '나 세대'가 태어났을 즈음 기하급수적으로 확대됐다.

트웬지는 "'나 세대'는 어린아이 때부터 자신을 우선에 두도록 배웠다"고 말한다. 이런 태도는 확실히 자기애를 강화한다. 2013년 옥스퍼드 영어사전이 선정한 올해의 단어는 '셀피selfie(자신을 찍은 사진을 세상과 공유하는 것)'로, 이듬해 1월에는 사람들이 자기 모습을 찍은 사진 중에 제일 마음에 드는 사진을 올려 셀피 올림픽에서 경쟁했다.

학교는 자존감을 고취하는 프로그램을 만드는 데 집중했다. 이를테면 트웬지가 언급한 '자기학 : 학습 주제는 바로 나'라는 프로그램이 있다. 1990년대에 시험을 강조하는 목소리가 높아지는 분위기에도 학교 강령에서 자존감이 거론됐다. 아이들은 자신에게 몰두하고 자화자찬하는 태도가 용인될 뿐 아니라 바람직하다고 배웠다. 더구나 성적을 얻는 데 필요한 기술을 명확히 설명하지도 않은 상태에서 성적 인플레이션이 가속화됐다. 아이들은 초등학교부터 대학교까지 실제로 받았을 법한 수준보다 높은 성적을 받는 게 당연하다는 듯 익숙해졌다. 이 현상에는 딱히 이유를 명시하지 않은 채 우리 아이들이 전반적으로 자신에게 만족감을 느끼게 해줘야 한다는 생각이 깔려 있었다.

자존감 강조에 따른 문제는 본말이 전도됐다는 데 있다. 자존감만 높다고 뭔가 이루는 건 아니다. 각고의 노력과 성취, 타인에 대한 배려가 높은 자존감으로 이어진다. 아만다 리플리Amanda Ripley가《무엇이 이 나라 학생들을 똑똑하게 만드는가The Smartest Kids in the World》에서 이 개념을 비슷한 기조로 풀어냈다. 세계 곳곳의 성공 사례로 꼽히는 아이들은 활기 넘치고, 끈기 있고, 좌절감을 잘 견디고, 자기훈련이 잘된 아이로 묘사된다. 자기애적인 자기애와 공허한 자존감은 행복이나 성취로 이어지지 않는다. 부풀려진 자기신념 체계가 아니라 진짜 재능과 노력이 성취감으로 이어진다.

'나 세대'가 주축이 된 시대는 과학기술, SNS와 함께 성장했다. 자기애는 트위터와 페이스북 등의 팔로어 수를 먹고 자라났다. 트웬지의 조사에 따르면, 우월감이나 자기과시욕이 강한 나르시시스트는 SNS에 다른 사람들보다 자주 글을 올렸다. 이런 서비스는 타인과 깊은 관계를 쌓도록 장려하거나, 남에게 도움을 주는 깊은 실질적 관계를 맺지 않은 상태로 전반적인 사회적 유대감만 높여주는 것 같다. 인터넷 인맥과 블로그 활동이 나중에 타인과 현실적인 관계로 발전하지 않았다는 말이 아니라, 이것이 일반적이지 않았다는 뜻이다.

나르시시스트 남성에게 영향을 미치는 우리 문화의 신념과 가치는 성차별적일 때가 많으며, 자기도취적이고 폭력적인 것이 남자답다고 가르친다. 이 부분은 그 자체로도 연구해볼 가치가 있는 주제지만, 무엇보다 나르시시스트 남성이 그에게 지배당하는 여성을 깎아내리기 때문에 분명히 언급할 필요가 있는 문제다. 자기애와 폭력적인 행동이 동의어라는 뜻은 아니지만, 나르시시스트 남성의 신념 체계는 그에게 남성이 여성보다 우월하다고 가르친 다른 남성의 영향을 받았을 가능성이 있다. 웨이드나 그의 아버지도 웨이드의 새어머니가 딸들에게 잔인하게 구는 행동(손찌검, 지나치게 비판적인 태도)을 아는지 모르는지 멀찍이 있을 때 남성중심주의가 강화됐다.

친밀한 관계에서 남성이 우위에 있어야 한다는 편견이 담긴 신념은 우리 사회에서 적극적으로 다뤄야 할 사안이다. 이런 신념이 있는 남성은 어린 시절 가정교육을 대체할 관점을 새로 배워야 한다. 사회는 여성이 나르시시스트 남성에게 상처 받기 쉬운 이유뿐만 아니라 나르시시스트 남성이 여자아이와 여성을 지배하고 위협할 권리가 있다고 믿는 이유를 중점적으로 다뤄야 한다.

언론인이자 교수인 레이첼 루이즈 스나이더Rachel Louise Snyder에 따르면, 가정폭력의 수많은 여성 피해자는 나르시시스트 남성과 데이트했고, '유해한 남성성toxic masculinity'[29]에 시달리는 폭력적인 가해자에게 자기애의 발생률이 높

---

[29] 지배성, 경쟁심, 감정 표현 억제 등 사회에서 남성에게 적합하다고 여겨온 기질.

게 나타난다. 나는 남성의 자기애와 폭력성의 상관관계나 연관성을 염두에 두지 않는데, 스나이더는 새로운 치료 프로그램으로 남성을 지원하는 도전을 시작한다. '폭력에 둘러싸인 환경에 노출됐고 그런 행동에서 벗어나려고 애쓰는 힘겨운 몸부림을 직접적으로 아는' 이들을 위한 프로그램이다.

스나이더에 따르면, 이런 남성들의 임상적 자기애는 그들의 행동이 피해자에게 어떻게 충격을 가했는지 제대로 보지 못하게 한다. 스나이더는 연구 보고서에 최초의 가해자 개입 프로그램(통제와 학대 행위 치료 프로그램 '이머지 Emerge')을 개발한 데이비드 애덤스David Adams가 한 말을 인용한다.

자기애는 세상을 보는 방식에 필터 역할을 한다. 극단적인 자기애는 가해자를 파악하는 출발점이 된다. 우리는 나르시시스트를 끝없이 자기 얘기를 해대서 눈에 띄는 사회 부적응자쯤으로 생각할 수도 있지만, 그들은 능력이 뛰어나고 카리스마 있고 직업적으로 성공한 사람일 때가 많다. 나르시시스트는 우리 사이에 숨어 있고, 정상에 모여 있다.

그런 사람들은 식별하기 쉽지 않다. 그들의 대인 관계 기술이 타의 추종을 불허하고, 우리가 사는 세상이 점점 자기도취적으로 변해가기 때문이다. 우리는 다른 무엇보다 성공을 극찬하는 세상에 산다.

스나이더는 애덤스가 남들에게 숭배의 대상이 되는 카리스마 있는 나르시시스트 부류를 언급한 부분도 보고서에 인용한다.

이 부류는 돈과 연줄을 이용해 사법과 법 집행 체계를 교묘히 벗어나는 화이트칼라 가해자다. 사회적 지위와 명성이 전부인 남성이다. 그들은 일반인이 간파할 수 없는 존재다.

자신을 대단한 존재로 보는 사람이 자기애적 상처를 받으면 잔뜩 사나워질 것이다. 그런 나르시시스트는 자기상에 사활을 건다. 예컨대 실직이나 파산 등 그들의 거짓말이 발각되거나 비밀이 탄로 나서 자기상이 손상되면, 그들은 비난할 대상을 찾아 화를 퍼붓고 배우자와 자식에게 해결책을 떠넘긴다. 극단적인 해결책으로 살인을 저지르기도 한다.

반면에 이런 보고 내용도 있다. 정서적 학대가 신체적 학대보다 훨씬 심각하다. 스나이더에 따르면 어느 가정폭력 변호사가 "나르시시스트는 매력이 넘치고, 피해자는 매우 부정적인 사람처럼 보인다"는 말을 했다. 달리 말해 나르시시스트의 자기애는 피해자 여성이 자신을 보살필 여유조차 허락하지 않았다.

초야권(영주의 권리)

'우리 사회에서 자기애의 기능을 따지는 근거는 무엇인가?' '자기애의 진화론적인 역할이 있을까?'라는 질문이 나올 수 있다. 칼 세이건Carl Sagan과 앤 드루얀Ann Druyan은 《잊혀진 조상의 그림자Shadows of Forgotten Ancestors》에서 동물의 행동을 연구하다가 자기애의 진화론적 근거를 우연히 목격하고 질문을 던졌다.

서열상 우위에 있는 수컷이 매력적인 암컷과 우선적으로 교미하는 행동이 공동체의 규범으로 자리 잡힌 사회에서 자란다고 가정해보자. 지배와 복종이라는 이 강력한 상징이 위계에 집착하는 수컷들의 몸짓언어와 자세 언어에 일반화된다면 놀랄 일일까?

지은이들은 다양한 동물에 관해 이야기하면서 암컷이 "우세한 기운을 냄새로 맡을 수 있고" "그들 사이에 말 그대로 화학반응, 즉 힘의 냄새가 있다"고 평한다. 복싱 헤비급 챔피언 마이크 타이슨은 한 미인대회에서 사실상 모든 참가자에게 마구잡이로 들이댄 일을 두고 "우위에 있는 수컷은 유명 인사들이 발산하는 페로몬과 같이 강렬한 냄새를 풍긴다"고 설명했다. 미국 국무부 장관을 지낸 헨리 키신저는 외모로 유명한 사람은 아니지만, 어느 아름다운 여배우가 그에게 매료됐다는 이야기를 "권력이 최고의 최음제"라는 말로 설명했다. 우위성과 테스토스테론은 인간의 행동과 사회 체계를 이해하는 가장 중요한 부분처럼 보인다.

어떤 측면에서 보면 진화가 진행되는 것 같다. 즉 오늘날 우리 사회와 정치 구조에서 자기애의 기원은 원시 조상까지 거슬러 올라간다.

침착하고 확신에 찬 알파 수컷은 납작 엎드려 있다시피 한 하위 부류를 노려보지 않는다. 그는 대개 양손을 허리에 대고 으스대며 다가간다. 흡사 정부의 법 집행이 이뤄지는 듯한 광경을 여기서 본다 해도 과언이 아니다. 군중이 뻗은 무수한 손에 닿는 왕의 손길은 어쩐지 우리에게 익숙하다.

예를 들어 미국 대통령이 여론조사에서 지지율이 한창 잘 나올 때, 국정 연설을 앞두고 하원의 중앙 통로를 성큼성큼 걸어 내려가는 모습이 연상된다. 세계 여행 중인 미래의 영국 국왕 에드워드 8세, 대통령 선거운동 중인 상원 의원 로버트 케네디, 그 밖의 무수한 정치 지도자들은 열광적인 지지자들이 붙잡아대는 통에 검푸른 멍이 들어 집에 돌아왔다.

이상은 앞서 스나이더가 강단 있게 다룬 오늘날 우리 문화의 단면이기도 하다. 세이건과 드루얀이 1992년에 깊이 있게 다룬 내용은 현재도 적용된다. 자기애가 우리 사회에 이토록 깊이 배어들었다면, 부모들은 자신의 행동이 자식의 자기애적 태도에 어떻게 작용할지 의식하고 한층 더 책임감을 가질 필요가 있다.

자기애를 강조하는 양육 방식

부모가 자녀의 자존감에 관심을 두는 건 정상적이지만, 가정 내 주된 관심사로 자존감의 중요성이 점점 부각된다는 점이 눈에 띈다. 부모들이 딱히 이유를 밝히지 않고 자녀에게 "너는 특별해"라는 말을 자주 한다는 사실도 흥미롭다. 아이들은 자신의 구체적인 장점을 모른 채 잔뜩 부풀려진 자기감이 생긴다. 이런 아이들은 스스로 자존감을 높이기 위해 무엇을 하고, 무슨 생각을 하고, 어떤 감정을 느껴야 하는지 배우지 못한다.

육아 도서와 잡지에는 자존감 함양을 강조하는 내용이 단골로 등장한다. 자존감 고취가 건강한 양육 방식의 긍정적인 특징이지만, 개인의 성취와 타인을 배려하는 것을 바탕으로 높은 자존감을 얻는 과정에 강조점을 두지 않는 부분이 놀랍다.

자녀가 자존감을 스스로 조절하는 능력이 중요하다고 보면, 결국 자존감은 부모에 의해 구축되는 개념 같다. 자존감은 아이가 스스로 그려낸 이상과 현실적인 자기 모습의 차이에서 비롯된다. 이상이 현실보다 지나치게 높으면 자존감이 낮아진다. 이상은 길잡이 역할을 할 뿐이다. 이는 자존감이 '자기표상과 간절히 바라는 자기개념의 불일치나 조화를 표현하는 것'이라고 본 정신분석학자 에디트 야콥슨Edith Jacobson의 명확한 설명과 같은 맥락이다.

부모가 구체적인 이유를 밝히지 않고 승자라고 치켜세우면, 아이는 자존감을 조절하는 법을 배우지 못한다. 아이는 승자로서 자기를 이상화하는 경험과 실제 자기를 통합할 줄 모르는 상태로 남는다. 이런 아이는 자존감의 다면적인 속성을 단계적으로 이해하지 못한 채, 승자 아니면 패자로 보는 이분법적 사고로 자신을 판단하기 시작한다. 자신을 가망 없는 패자로 본다면 우울 반응이 나타날 수도 있다. 우울증은 자기애성 성격장애의 광범위한 영역에 존재하는데, 이는 사랑도 받고 미움도 받을 수 있는 자기에 대한 태도를 반영한다.

쿠퍼에 따르면, 자기애는 자존감의 동의어나 자기에게 심리적 관심이 집중된 것을 아우르는 말로 쓰일 때가 많았다. 자존감에 초점을 맞춰 아이를 키우는 부모도 이처럼 자존감을 강조하며 관심 있게 다루는 진짜 의미를 잘 깨닫지 못할 수 있다. 자존감이 부각되는 분위기에는 발달상의 요구와 문화적 영향력이 작용한다.

불완전한 사람들이 가득한 세계에서 불완전한 개별적

존재로 살아가는 자신의 한계를 인정하기만 해도 자기애적 격노는 분출될 일이 없다. 부모는 이런 실존적 현상에 대처하고자 노력하기도 하고, 복잡한 사회에서 속수무책으로 무력감이 들기도 한다.

정신분석학자 카렌 호나이Karen Horney는 1939년 '진짜 나'를 상실하는 것을 설명할 때, 예를 들어 부모가 압박하거나 겁을 주는 등 자녀를 무조건 긍정하는 방식과 다른 양육 조건에서 아이의 자족 능력과 독립성과 진취성이 손상됐을 때 일어나는 것으로 묘사한다. 자기확대나 자기애는 이런 상황에 대처하려는 시도다.

한편으로 호의적인 권위 중심의 가정에 변화가 일어난 '나 세대'에 자란 아이들이 있다. 이 아이들은 지나치게 응석을 받아주는 분위기에서 자란 경우가 많아, 소원하면 모든 게 이뤄지기라도 하듯 원하거나 꿈꾸는 일은 뭐든 해야 하고 할 수 있다는 잘못된 믿음을 가졌다. 어떤 어른들은 만사를 원래보다 쉬워 보이게 만드는 재주가 있어서, 이들의 자녀는 비현실적인 기대와 지나친 자신감을 품고 자랐으며, 실패를 견디거나 실수를 통해 배우는 능력을 갖추지 못했다. 아이들은 혼자 결정할 만큼 자라지 않았음에도 스스로 선택해도 되는 때가 종종 있었는데, 그 과정에서 진이다 빠진 채 높은 자존감은 얻지 못했다.

다음 두 사례는 자녀를 나르시시스트로 만들 수도 있는 양육 방식이다. 첫째 사례의 부모는 아이에게 지나치게 투자하고 응석을 끝없이 받아준다. 경계 설정이 전혀 안 된 양육 방식이다. 둘째 사례의 부모는 아이에게 관심을 주다가 말다가 한다. 아이는 부모가 보이지 않을 때 자신이 부모의 안중에도 없는 존재가 될까 봐 두려워한다. 이 사례에서 부모는 아이가 존재하지 않는 것처럼 취급될 때 자기만족 욕구가 실현된다. 양육의 요구가 철회된 상황이다.

지나친 투자와 간헐적 투자 모두 자녀의 자기애를 강화한다. 각 사례에서 자기애의 분포도가 부모와 자녀에게 달리 나타난다. 아이의 구체적인 요구를 잘 아는 부모라면 적정 수준의 접촉량을 이해하는 편이라서, 아이가 꾸준히 의지할 만한 일상적인 접촉량으로 파악한 부분을 알맞게 채워줄 줄 안다.

이와 같이 자녀에게 끊임없이 자기애적 투자를 하는 부모의 능력은 극단적으로 큰 차이를 보인다. 한쪽 끝에 해당하는 부모는 극성스러울 만큼 자녀에게 집착하는 유형으로, '나 세대'에 흔히 나타난다. 이들은 아이의 발달에 해로운 비정상적 투자를 한다. 다른 쪽 끝에 있는 부모는 자녀에게 투자함으로써 부모 역할의 발달단계에 진입해야 하는데, 그 역할을 수행할 수 없어서 극심한 결핍 상태를 만든다. 이들은 막상 부모가 됐는데 자기중심적인 '나 세대'의 생활 방식을 잃어 유감스러워한 사람들이다.

양극단 사이에 있는 특이한 부류로 자녀에게 간헐적으로 투자하는 부모가 있다. 이 경우 아이는 필요할 때 부모가 곁을 지켜줄 수 있는지 안심하지 못한다. 일시적으로 부모에게 존재하지 않는 사람 취급을 당하면 심각한 자기애적 상처를 받는다. 이는 부모의 공격성과 관련이 있기도 하고, 없기도 하다. 아이가 이런 취급을 받는 걸 부모가 의식하고 있다면 부모의 반응 부족에서 비롯된 공격성이 발동하는 것으로 볼 수 있다. 부모가 무의식적으로 아이를 없는 사람 취급한다면 성숙함이 결여된 자질을 의심해야 하는데, 이런 미성숙함이 아이를 향한 공격성과 반드시 연관되지는 않는다.

의식적이든 무의식적이든 부모가 자녀를 이렇게 대하면 아이는 낮은 자존감('나는 아무것도 아니야')으로 반응하고, 방어기제로 자기애가 충만한 자기 과대평가로 응수하거나 무관심한 부모에게 자기애적 격노를 분출할 것이다. 이런 부모는 자존감이 매우 낮으며, 아이들과 떨어져 있을 때 자기애적 요구를 다시 채우는 데 급급한 사람들이다.

자녀와 부모(자신도 어릴 때 부모와 정서적으로 단절되거나 애착이 끊긴 이들)는 그들이 예전에 어떻게 사랑받았는지 되짚어보며 자신을 사랑하는 능력이 발휘될 방법을 재정비할 필요가 있다. 정신분석학자 로버트 퍼먼Robert A. Furman과 에르나 퍼먼Erna Furman 부부는 이 부분을 다음과 같이 설명한다.

> 우리는 자신에게 투자하는 것처럼 다른 사람에게, 자기 바깥의 다른 것에 투자한다. 부모님이 처음에 우리에게 투자한 것처럼 우리 자신에게 투자한다. 궁극적으로 인격이 성숙하고 균형 잡힌 기능을 수행하도록 결정하는 것은 이런 투자의 본질일 것이다.

결혼 생활은 자녀 유무에 따라 어떻게 다를까? 트웬지에 따르면 경제적 측면이 영향을 미치는 부분이 있지만, 젊은 세대는 이전 세대보다 아이를 낳은 뒤 결혼 만족도가 42퍼센트나 떨어지는 경험을 한다. 부모가 되면 자기에서 벗어나야 하는 급격한 변화를 겪기 때문일 것이다.

나는 이 데이터에 의문이 든다. 결혼 만족도 수치가 수십

년간 자녀를 키운 뒤에 나온 것인지, 아기가 태어나 처음으로 가정생활이 몹시 고단해지고 관심이 온통 아기에게 집중되는 시점 직후에 나온 것인지 분명하지 않기 때문이다. 이제 양육은 의무라기보다 선택이어서, 일에서 성공을 거둔 다음 신중하고 간절한 마음으로 아기를 낳고 싶은 연령대 높은 부모가 많은 것 같다.

오늘날 부모들은 청소년기 자녀를 더 많이 압박해 좋은 대학에 입학할 수 있게 열심히 경쟁하라고 부추기는가 하면, 특별하다고 생각하는 자기 아이가 충분히 노력하지 않아 성적이 낮은데 교사를 탓하는 경우가 많은 것 같다. '나 세대'의 10대는 부모와 학교가 주는 어마어마한 부담감에 시달린다. 명문 대학교에 들어가고 성공해서 부와 명예를 얻어야 한다는 의식을 주입받는다.

대학생 또래 자녀들 사이에 나타나는 극도의 피로감이 이런 부담감에서 비롯됐을 것이다. 이 아이들은 고등학생 시절 학업 성적으로나 운동 능력 면에서 또래보다 앞서기 위해 큰 자극을 받고 경쟁심을 불태우며 보냈지만, 뛰어난 성취도를 보인 아이들의 합격률이 낮은 경우가 많았다. 부모들은 아이들을 예전보다 혹독하게 밀어붙이고, 아이들은 그 대가로 우울증과 불안감, 심한 스트레스에 시달린다.

자기애가 최우선이라지만 이 부담감이 아이들의 자존감을 현저히 떨어뜨린다.

'나 세대'에게는 대학 생활도, 직장 생활도 더 힘겹다. 이들의 푸릇푸릇한 기대가 환멸로 변하고 있다. 이들은 어릴 때부터 주입받은 부와 명예에 대한 높은 기대감을 채워줄 번듯한 직장과 집을 얻는 데 어려움을 겪는다. 이들의 기대감은 자신의 미래에 대한 통제권을 잃은 느낌으로 이어진다. 이들은 현실에 직면할수록, 자식이 특별하다고 생각한 부모의 기대와 어릴 때부터 몸에 밴 자기집중적 태도 때문에 길을 잘못 들었다는 기분이 든다. 외롭고 우울한 때도 많다.

버그만의 말을 다시 인용하며 이번 연구를 마무리하고 싶다. 우리 주변에 나르시시스트가 있는지 알아보는 눈을 키우고, 그들이 우리의 행복을 빼앗아가지 못하도록 대처하는 방법을 강구하고, 세대 간에 애정 어린 관계를 구축하는 방법을 모색해야 할 필요성을 짚어주는 말이다. "자기애는 사랑에 가장 큰 장애물이다. 현재의 자신과 되고 싶은 자신 사이의 긴장을 느끼지 못하면서, 자신이 이미 상상하는 자기 모습이 된 양 대우받기를 고집하는 사람은 사랑하기 쉽지 않다."

이 책에서 다룬 복잡다단한 주제를 연구할 때는 성격 형성기인 어린 시절을 어렵게 보낸 나르시시스트 남성, 그들과 함께 살고 자녀를 키우는 여성, 그들에게 양육 받는 아이를 위한 연민이 필요하다는 점을 반드시 고려해야 한다. 이런 상황에 있는 사람들은 상당 기간 다면적으로 진행되는 심리치료에 대해 알아보고, 병적 자기애의 복합적이고 모순적인 특징을 파악하면 틀림없이 긍정적인 변화를 기대할 수 있다.

이렇게 얻은 지식은 우리 사회 전반에 있는 나르시시스트들이 더 많은 사실을 일깨우게 도와주며, 일면 호기심을 자극하는 이 만만찮은 장애를 이해할 수 있는 길잡이가 돼 준다. 어느 가정에서는 행복의 결핍 상태는 보이지 않고 성공과 업적만 드러나는 오도된 현실에 가려 이 장애가 좀처럼 시야에 잡히지 않을 텐데, 극복할 방법은 분명 있다.

내 아이를 나르시시스트로 키우지 않으려면:

생애 첫 3년이 성인기 병적 자기애에 미치는 영향

아기가 태어나 처음 3년 동안 엄마와 아이의 관계가 발전하는 과정은 남성이 어떻게 타인(특히 여성)과 관련해서 자기감에 대한 혼란으로 고생하는지 중요한 정보를 던져준다. 우리가 앞서 만난 몇몇 남성이 이런 대인 관계 문제를 겪었는데, 이들은 자신을 열렬히 사랑한 여성에게 애착을 가질 수밖에 없다. 이 열렬한 사랑은 아이가 생애 초기에 엄마에게 받는 자기애적 보급품으로 흔히 표현된다. 엄마가 이런 사랑을 제공하지 않으면 아이는 나르시시스트로 자랄 위험이 있다.

생애 초기의 아동 발달에 관한 정신분석 이론을 몇 가지 짚어보자. 생애 초기 3년간 '분리개별화'가 일어나는 아동 발달단계가 있다. 이 시기에 아이는 동경하는 엄마와 가깝게 느끼고자 하는 욕구를 해결해야 하는 한편, 자신이 아기 때 믿은 만큼 전능하거나 과대하지 않다는 현실을 견딜 수 있는 건강한 분리 과정을 거쳐야 한다.

이 시기에는 아이가 내적 분리의 순간을 경험하도록 엄마가 도와줄 필요가 있다. 엄마가 자신과 하나가 아님을 아이가 현실적으로 인정하는 과정을 도와주는 것이다. 아이가 과대하고 강해지는 경험을 하는 데 엄마가 기쁨을 표현했을 수도 있지만, 아이는 이런 감정을 누그러뜨리고 조절하는 법과 만족감을 기다리고 지연하는 법을 배워야 한다. 아이는 건강한 발달단계에서 엄마와 자신이 감정적으로나 신체적으로 별개의 존재임을 알아야 하기 때문이다.

부모들은 아이에게 한계를 정할 때 어떻게 해야 하는지, 이것이 왜 그렇게 중요한지 궁금해한다. 엄마와 아이의 내적 분리란 그런 경계를 설정하고 유아와 엄마의 구별을 경험하는 것을 지칭한다. 아이의 행동에 관해 일찍이 한계를 정해두면 아이는 엄마에게서 정신적으로 분리되는 내적 과정을 경험한다.

예를 들어 엄마가 두 살배기 아이에게 "손으로 하지 말고 말로 해. 때리면 안 돼"라고 말할 때, 아이는 자신이 어떻게 행동해야 하는지에 대해 엄마한테 별개의 관점이 있음을 인지한다. 두 사람은 분리된 개인이다. 이는 곧 아이가 자신이 원하는 모든 걸 할 수 있는 건 아니라는 점을 명확히 짚어준다.

이제 아이에게 엄마는 자신과 다른 존재이며, 자신의 행동을 제한할 수도 있는 사람이다. 엄마가 이 관계를 정립하는 데 실패하면 아이는 지나친 권력감과 전능감이 들 것이고, 어른이 돼서 병적 자기애로 발전할 잠재적 가능성이 생긴다. 아이는 자신이 부모보다 힘 있는 존재라는 느낌을 원치 않는다. 어린아이는 엄마보다 강하다고 느끼는 걸 두려워한다. 아이는 엄마가 한계를 지어줘야 수용 가능한 방식으로 타인과 관계 맺는 법을 습득한다.

아이가 지나치게 강하면 자신이 여느 아이들보다 큰 특권을 받았다고 생각한다. 예를 들어 아이가 형제자매를 때리지 못하게 저지당하지 않으면 자신이 원칙적인 수준보다 강하다고 느끼며, 좌절감과 분노를 표출하는 충동을 제한하는 방법을 알지 못한다. 이런 아이는 비이성적인 상황에서 타인에게 행사할 힘과 통제권이 자신에게 있다고 느끼는 자기애적인 어른(특히 남성)으로 자랄 가능성이 있다. 아이는 자신의 야심에 도움이 된다면 타인을 비현실적으로 조종하고 강요하는 법을 체득한다.

반면에 개별화는 유아의 자아와 정체성, 인지능력이 발달하는 것을 가리킨다. 즉 발전하는 자기개념을 뜻한다. 분리와 개별화는 관계가 있지만, 해당 발달단계에서 엄마가 취하는 태도에 따라 둘 중 하나가 다른 하나보다 크게 발달할 수 있다.

이 발달 시기가 정상적으로 진행되지 않으면 소년은 자신을 향한 열렬한 동경이 필요하던 시간대에 정신적으로 간혀버린다. 아이는 엄마와 구별된 현실을 인식하지 못하고, 자신이 대단한 존재라는 유아다운 의식을 엄마가 항상 확인하게 해주길 기대할 수 없다는 깨달음의 단계로 나가지도 못한다.

생애 초기에 이 발달 과정을 제대로 겪지 않은 남성은 긍정과 동경에 대한 욕구를 극복하지 못한다. 이런 욕구는 아이의 성격을 조형하는 원인이 되고, 지능이 우수해서 부모에게 과도한 칭찬을 받고 자란 경우 적정선을 넘어 제멋대로 행동하고 과대평가된 특권 의식을 키울 수도 있다.

따라서 생애 초기 3년은 엄마와 아이의 관계가 성격 발달에 중대한 영향을 미치는 시기다. 엄마-유아 단일체가 경험하는 위로와 달램, 한계 설정 순간은 비록 짧을 수 있지만 어린 남자아이의 성격 발달에 대단히 중요하게 작용한다. 엄마와 관계에 대한 아이의 기대가 지나치게 커지는 순간은 아이의 초기 정체성 인식에 해를 끼칠 수 있다. 아이가 사실은 자신이 남에게 보이길 기대한 모습만큼 뛰어나지 않은 사람이라고 믿기에 이르기도 한다.

이 발달단계는 아이가 어른이 돼서 자신과 타인에 대한 현실적인 힘과 통제권을 받아들이는 데 결정적인 역할을 한다. 아이는 타인과 상호작용에서 자신이 믿고 싶은 만큼 비범한 사람이 아님을 깨우쳐야 한다. 간절히 원하는 인정을 얻는 데 실패할 때마다 수치심이 들고, 쉽게 상처 받기도 한다. 이런 경험이 아이에게는 역경이요 아킬레스건이요 흠집이 난 자기감으로 다가와 자존감에 큰 타격을 받고, 심지어 우울증에 빠질 수도 있다. 이런 생애 초기 경험은 개인의 평생 발달선에 크나큰 영향을 미친다. 이 경험이 얼마나 중요한지는 앞의 사례에서 봤을 것이다.

정신분석학자 마거릿 말러는 여러 아동과 어머니를 관찰하며 유아와 아동은 대인 관계에 관련된 욕구와 정신 내적(내면의 심리적) 욕구를 엄마에게서 충족하는 타고난 능력이 있음을 알아냈다.

다시 말해 엄마-유아 단일체 환경에서 성장하며 정상적 자기애나 병적 자기애의 본질인 영속적인 양상을 보일 준비를 한다. 아이는 어릴 때부터 엄마의 일부이자 미분화된 존재가 되고 싶은 동시에, 자율적이기를 바라는 욕구를 품은 채 그 사이를 왔다 갔다 한다. 분리개별화 시기에 이처럼 오락가락하는 과정은 아이의 발달에 지대한 영향을 미친다. 대니얼 스턴Daniel N. Stern은 다음과 같이 말한다.

유아에 관한 최근의 연구 결과는 일반적으로 인정된 발달 관련 시간표와 순서에 이의를 제기하고, 자기와 타인에 대한 통합된 의식을 갖춘(엄밀히 말해 갖출 것 같은) 변화된 유아라는 이미지에 좀 더 부합하는 편이다. 이 새로운 연구 결과는 대인 관계를 구축할 때 유아의 첫 번째 과제가 핵심 자기와 핵심 타인에 대한 의식을 형성하는 것이라는 관점을 뒷받침한다. 그 증거는 이 임무가 생후 2~7개월 사이에 대부분 완성된다는 견해에도 힘을 실어 준다.

나아가 정신분석학에서 설명하다시피 유사 통합 경험을 수용할 능력은 이미 존재하는 자기와 타인에 대한 의식에 의존하는 부차적인 것임을 시사한다. 새로 제안된 시간표는 '자기'가 시간상 더 이른 시기에 극적으로 출현하도록 밀어붙이며 발달 과제의 순서를 뒤바꾼다. 자기와 타인의 형성이 먼저 오고, 그때 비로소 유사 통합 경험에 대한 의식이 가능해진다.

이 내용을 자녀 양육에 관련한 실제적인 표현으로 말하면, 우리는 아이가 엄마와 통합돼 있고 엄마와 분리된 방식으로 행동할 능력이 없다고 느끼기를 원치 않는다는 뜻이다. '통합'이나 '융합'은 엄마가 아이를 분리된 개체가 아니라 자신의 욕구를 충족하는 본인의 확장체로 본다는 뜻을 함의한다. 이때 엄마는 자신의 욕구와 아이의 욕구를 구분하지 않는다. 그러면 아이는 자신이 엄마가 인정하고 칭찬하고 현실적으로 한계를 정해주는 장점이 있는 분리된 개체임을 이해하지 못한다.

새로 등장한 이론적 관점(아기가 처음부터 엄마에게서 분화됨)을 취한다고 해도 유년기의 경험을 바탕으로 한 자기애가 발전하는 부분이 달라지지는 않는다. 간단히 말해 서로 다른 두 부류의 엄마가 있는 가정에서 건강하지 못한 자기애가 발전하는 것을 관찰할 수 있다. 첫 번째 가정에서는 엄마가 아이를 오냐오냐 응석받이로 키우고, 아이는 과대성으로 충만한 내면세계에서 벗어나지 못한다. 아이는 자신에게 대단한 힘이 있다고 느끼고, 남들에게 자신의 요구에 응하라고 강요하기도 한다.

두 번째 가정에서는 엄마가 필요할 때 곁에 없거나 아이를 밀어내다 보니 아이는 내면의 과대성을 갈망하는데, 엄마는 아이가 이 과대성에서 벗어나도록 도와준 적이 없다. 이 경우 아이가 지나친 적대감에 사로잡힌다면 부모를 향한 사랑은 증오에 가려 빛을 잃는다. 이런 정서적(감정적) 상태는 아이가 발달 과정을 무사히 통과하는 능력에 심각한 손상을 줄 것이다.

정신분석학 이론에서 이 부분은 분리개별화가 나타나는 생애 초기 3년 뒤에 오이디푸스콤플렉스 위기가 발생하는 것을 지칭한다. 오이디푸스콤플렉스는 프로이트가 심리성적발달단계 이론에서 사용한 용어다. 이는 아이가 이성 부모에게 성적 애착을, 동성 부모에게 질투와 분노를 느끼는 감정이다. 이런 감정이 나타나는 시기는 3~6세다. 엄마나 아빠가 아이와 거의 연인처럼 친밀한 관계라면, 아이는 자신이 이성 부모와 동등한 입장이 아니라 자식이라는 역할을 판독하는 능력에 문제가 생긴다. 아이들은 '권한이 있는 어른'인 부모에 대해 혼란스러워하고, 자신의 모든 욕구가 한꺼번에 충족되기를 기대한다.

부모의 표상과 자기표상(아이가 자신을 보는 관점)이 비교적 분리되지 않은 상태를 심각한 병적 측면에서 고려할 때 문제가 한층 복잡해진다. 이런 상황에서는 부정적인 감정이 엄마나 아빠의 표상은 물론 자기표상에도 영향을 끼쳐, 아동과 청소년의 자기애적 발달을 방해한다. 다시 말해 아이가 부모가 보는 자신의 이미지를 부정적으로 생각하는 것은 자신에 대한 아이의 관점을 반영한다.

부모가 한계를 정하는 데 실패하고 아이가 지나친 권능감을 느끼며 공격성을 제어하지 못할 때 이런 결과가 나온다. 아이는 자신의 공격성을 제어해서 또래와 어른의 사회적 세계에 어울리고 싶어 한다. 아이가 충동을 조절하도록 부모가 도와주지 않으면 어른이 됐을 때 자기애성이 발달할 위험이 있다.

분리개별화의 하위 단계인 '연습기'에 주목할 만하다. 연습기에는 유아의 운동력이 나타난다. 처음에 기어 다니다가 나중에 걸어 다니는 이동 능력이 생긴다. 이런 신체 능력이 나타나면서 극적인 심리적 요소가 작용한다. 아기는 자기애적 기쁨을 느끼며 훨씬 더 큰 환경을 보기 때문에 자기지각이 강화된다. 이제 유아는 현실검증을 수용할 능력이 더 커지며(엄마-유아 단일체 관계에 매이지 않는다), 자신이 넓은 세상에 있는 작은 사람임을 깨닫기 시작한다. 이는 아이가 어른의 세상에서 자신의 위치를 알아가고, 자신의 모든 소망과 욕구가 즉시 충족돼야 한다는 지나친 특권 의식을 느끼지 않는 데 결정적인 역할을 한다.

지나친 특권 의식은 '재접근 위기'를 초래한다. 이 단계에 아이는 자신의 전능감과 부모와 일체감을 상실하는 데 반응을 보인다. 이 위기를 해결하는 방법은 이후 발달 과정에 지대한 영향을 미친다. 특히 소년이 갈등과 정상적 자기애를 다루는 능력에 큰 영향을 준다.

아이의 정서적(감정적) 비난이 (한쪽 혹은 양쪽) 부모에게 너무 적대적으로 표출되면 엄마와 아이의 상호작용에 갈등이 남고, 증오감에 가려 부모에 대한 사랑이 빛을 잃을 것이다. 이런 감정은 아이가 (아직 부모에게서 충분히 분화되지 못한 상태에) 부모와 갈등을 처리하는 능력을 저해한다. 즉 아이는 부모와 상호작용을 내적으로나 외적으로 협상할 수 있는 자율적인 자기를 개발하지 못한다. 이는 어른이 되어 이성과 맺는 인간관계에 고스란히 드러나는 일정한 패턴으로 굳어버린다.

이 책에서 다룬 여러 사례에서 봤다시피 나르시시스트 남성은 여성을 자신의 내적·외적 필요를 채워주기 위한 존재로 여긴다. 여성을 자신과 충분히 내적으로 분리되지 못한 어머니, 즉 자신을 맹목적으로 사랑하는 어머니로 보는 것이다.

극도의 부정적인 감정은 관계에 영향을 미쳐서, 호혜적인 관계를 수용하는 능력과 그런 관계를 맺을 수 있는 자질 같은 전진적 발달을 방해한다. 아이가 분리 과정을 잘 거치고 자율성을 개발하게 해주는 엄마는 아이에게 정상적인 유능감을 준다. 아이에 대한 애착을 오래 끌고 가는 엄마는 아이의 유능감 발달을 늦추고, 이런 아이는 어른이 됐을 때 이성 관계에서 비정상적인 방향으로 흘러갈 수 있다. 생애 초기에 엄마와 관계에서 누린 것과 똑같은 자기애적인 애착을 원하기 때문이다.

말러의 분리개별화 이론은 연령별 발달단계를 보여준다. 스턴의 관점과 다르지만, 이 연령별 시간표에는 유아의 신체적 탄생(대부분 전적으로 의존적이며 자기와 타인의 경계를 충분히 인식하지 못하는 상태)부터 '심리적 탄생psychological birth'이라 칭하는 상태에 이르는 시간적 과정이 포함된다. 말러는 심리적 탄생기를 대략 3세에 둔다. 이 시기에 재접근 위기가 발생한다.

이 책에서 살펴본 나르시시스트 남성들은 심리적 탄생기를 제대로 거치지 못했다. 자기와 타인의 경계가 명확히 규정되어, 어른이 됐을 때 서로 만족스러운 부부 관계를 형성하게 해줄 과정을 통과하는 데 실패했다는 뜻이다. 이는 아이가 전진적 발달을 방해하는 우두머리 행세를 그만둘 만큼 충분한 자율성을 적절히 부여받지 못한 것과 같다. 엄마를 적절히 통제하는 것을 그만두지 않았으니 인간관계에서 안전하고 안정된 기분이 들지 않고, 부모와 관계에서 여지없이 경계 문제를 겪는다.

다이애나 시스킨드Diana Siskind가 제시한 사례에 나오는 3세 반 남자아이는 아직 분리개별화 단계를 해결하지 못했고, 오이디푸스콤플렉스 단계가 시작하는 시기와 일치하는 단계인 심리적 탄생기를 완수하지 못했다. 시스킨드는 심리요법을 시행하며 아이가 엄마와 자신의 입에서 나오는 '아니no'라는 단어의 추상적 개념을 표현하고 이해하는 법을 배우는 과정을 살펴본다.

'아니'라는 말을 이해하면 분리와 개별화가 쉬워진다. '아니'라는 말은 '나는 엄마가 아니야. 나는 엄마 의견에 동의하지 않을 수 있고, 엄마도 내 의견에 동의하지 않을 수 있어. 우린 독립적인 존재니까'라는 뜻이다. 이렇게 되면 아이는 오이디푸스콤플렉스 단계에서 자기애적인 남근기의 욕구를 표현하는 데까지 나아갈 수 있다.

시스킨드는 이 단계가 없으면 자기애성 성격장애의 전조가 나타날 거라고 한다. 아이는 엄마의 승인을 구하고 자신과 엄마의 정상적인 공격적 감정을 용인한 덕분에 이 중대한 재접근기에서 정상적인 발달 과정을 밟을 수 있었다. 이런 발달단계에서 탈선하면 자기애성 성격장애가 생길 수 있다.

자기애는 '자기와 관계' '자기에 대한 투자'라고 정의할 수 있다. 이는 다른 사람에 대한 사랑의 반대 명제다. 하인츠 코헛에 따르면, 아기는 나-너가 분화되지 않은 세상이라는 관점에서 처음부터 엄마라는 존재와 엄마의 돌봄을 경험한다.

코헛은 어른에게 나타나는 자기애적 균형의 불안, 즉 자기애적 상처는 보통 열등감이나 상처 받은 자존심으로 알려진 당혹감, 수치심 같은 감정으로 쉽게 인식된다고 설명한다. 엄마가 한계를 정하지 않고 아이가 성장할 경우, 남들이 자신을 보는 시각이 엄마가 보는 시각과 다름을 알게 된다. 이 사람은 설명하기 힘든 열등감에 시달린다. 엄마가 아이의 능력을 현실적으로 대하지 않았기 때문이다. 이 사람은 자신에게 현실적이고 합리적인 기준보다 큰 힘이 있기를 기대한다. 남들은 이런 사람을 불쾌하게 여긴다.

아이가 자신의 (부풀려진) 이상에 부응하려고 하나 실패한 어른이 될 때 발생하는 자기애적인 긴장이 있다. 프로이트에 따르면, 초자아는 한 인간이 자신과 어머니를 판단하는 방식이다. 그는 어머니를 모방하며, 어머니의 요구를 완벽하게 이행하려고 노력한다. 어머니가 자식이 완벽하지 않고 완벽할 수 없다는 것을 분명히 알지 않으면, 자식은 병적 자기애에 빠지기 쉽다.

반면에 어머니가 자식이 자신의 불완전함을 용인하도록 도와주면 바로 이 지점에서 양심이 발달하기 시작한다. 다시 말해 자기감이 부풀려지면 양심, 즉 행동의 옳고 그름을 알려주는 길잡이로 알려진 내면의 감정이나 목소리가 발달하지 않을 수 있다.

현실의 삶에는 좌절이 따를 수밖에 없는데, 이런 좌절을 참아내는 아이의 능력은 정상적 자기애의 발달로 이어진다. 반면에 엄마-유아 관계의 문제로 좌절이 서서히 용인되지 않으면 아이는 어른이 됐을 때 좌절을 참지 못한다. 부모가 현실적인 제한을 할 수 없어서 부모의 약점이 일찍 발견된 경우도 아이 내면에 갈등을 유발한다. 이때 아이는 자신이 존경하고 닮고 싶은 (이상화된) 부모가 아니라, 자신의 단점을 발견하도록 도와줄 능력이 안 되는 부모를 본다. 이는 트라우마로 이어질 수 있다.

아이는 생애 초기에 이상화된 부모를 감탄하고 우러러 본다. 아이는 부모와 똑같이 이상적인 존재가 되고 싶다. 즉 자기애적 자기가 경외의 눈길을 받고 경탄의 대상이 되기를 원한다. 자기애적 이상은 어른이 됐을 때 야망과 연결된다. 보통 정상적 자기애가 있는 사람은 야망을 이루려고 노력한다. 병적 자기애가 나타나는 사람은 이상이나 야망을 이루지 못하면 치욕스러워한다.

병적 자기애가 있는 사람은 자기에 대한 비이성적인 과대평가와 적절히 절제되지 못한 유아적이고 과대한 상상에서 유래한 열등감 사이에서 동요한다. 야망이 동기부여의 원동력이 되는 건 건전한 일이지만, 야망에 맹목적으로 애정을 쏟는 건 건전하지 않다. 이 경우 수치심이 포함된 실망감이 생긴다. 수치심은 절제되지 못한 유아적이고 과대한 상상에서 비롯된다. 이런 사람은 자신의 야망을 칭송·확인받지 못하면 자기애적 굴욕감에 빠진다.

아이의 타고난 자기과시 성향은 점차 누그러뜨릴 필요가 있다. 좌절감을 주는 경험에 조금씩 노출하는 방법이 좋은데, 이때 애정 어린 응원이 동반돼야 한다. 광범위한 방해 요인으로 작동할 수 있는 부모의 세 가지 태도가 있다.

거절, 지나친 방임, 이 둘 사이에서 순식간에 태세 전환을
하는 태도다.

이 세 가지 태도는 아이한테서 비정상적으로 표출되는
자기애적-자기과시적 긴장이 고조되는 것으로 이어진다.
예를 들어 아이가 자기과시 할 일에 엄마를 관여시키려다
가 거절당하면 뼈아픈 수치심이 생겨, 아이는 이제 사랑받
을 수 없다고 느낀다. 이는 정상적 자기애와 대조된다. 아
이가 뭔가를 성취하고 엄마를 통해 건전한 기쁨을 맛보며,
때에 따라 적합하고 현실적인 실망을 느끼는 것이 정상이
다(물론 실패와 결점에 대해 얼마간 분노와 수치심이 든다).

앞에 언급했듯이 코헛은 부모가 잘못 대처하면 창의력,
공감 능력, 자신의 유한성에 대한 수용력, 유머 감각, 지혜
등에서 정상적 자기애가 병적 자기애로 변형될 수 있다고
지적한다. 이 다섯 가지 요소가 건강한 사람에게서 어떻게
표출되는지 살펴보자.

❶ 창의적인 사람은 생산력을 발휘하는 동안 자신의 결
과물을 극도로 높이 평가하는 단계와 아무런 가치가 없
다고 확신하는 단계를 오락가락한다. 이는 그 결과물이
일종의 자기애적 경험과 관련 있음을 나타낸다.

❷ 공감은 다른 사람의 경험으로 들어가는 방법을 느끼고, 상상하고, 생각하고, 본능적으로 감지하는 정서적 인지 과정이다. 공감 능력은 타인을 이해하는 능력의 핵심이다. 모든 인간관계(특히 타인에 대한 친밀감과 배려가 포함된 관계)에서 무엇보다 중요하다. 공감은 타인을 조종하고 이용하고 강요하고 통제하는 데 사용되기도 한다. 이는 유년기에 공감 능력이 정상적으로 발달한 것과 비교되는 비정상적인 자기애적 성격의 특징이다. 공감은 3~4세 아이가 타인의 경험을 받아들이는 능력에서 처음 확인되는 경우가 많다. 이 능력은 아이가 이전에 양육자에 의한 조율을 인식한 데서 비롯된다. 양육자의 입장에서 보여주는 공감적 대응은 기본적 자기감을 포함해 아이의 심리 생활의 많은 측면이 발달하는 데 지극히 중요한 요소다.

❸ 자신의 유한성을 받아들이는 능력은 그 사람의 현실감에 영향을 받는다. 비정상적인 나르시시스트에게 현실감은 자신이 너무 멋져서 대체 불가한 사람이라는 의식이 될 수도 있지만, 정상적인 사람은 자신의 가치를 현실적으로 판단한다. 코헛은 아이가 경험하는 엄마에 대한 최초의 공감이 성인기 공감 능력의 전조인 것처럼, 아이

가 엄마에게 느끼는 최초의 동질감은 개인 존재의 유한성을 인정할 때 생기는 자기확장self-expansion의 전조로 여겨진다고 설명한다.

❹ 코헛은 유머에 대해 다음과 같이 설명한다.

"유머와 우주적 자기애cosmic narcissism[30]는 둘 다 인간이 자기애적 자기의 요구를 궁극적으로 제어하는 힘을 갖도록(즉 원칙적으로 자신의 유한함은 물론, 임박한 최후마저 인지하는 것을 감내하도록) 도와주는 자기애의 변형이다. 가장 심오한 유머와 우주적 자기애는 과대성과 의기양양함이 가득한 모습이 아니라, 부인하지 못한 우울함이 뒤섞인 조용한 내적 승리의 모습을 보여준다."

❺ 코헛은 정상적 자기애가 있는 사람이 만년에 보여주는 지혜를 정의하며 다음과 같이 말한다.

"지혜는 원초적 자기애를 극복하는 능력을 통해서 주로 성취되며, 인간의 신체적 · 지적 · 정서적 능력의 한계를

---

30 코헛이 인간의 유한성을 수용하는 성숙한 자기애를 지칭할 때 쓴 표현이다. 이는 개인의 범위를 넘어서는 초월적인 개념으로, 종교적인 것과 유사한 엄숙함을 나타낸다.

받아들이는 정신에 기초를 둔다. 지혜를 정의할 때 자기애적 요구를 포기하는 동시에 나타나는 심리적 태도와 더 고차원의 인식 과정이 결합된 것으로 보기도 한다. 이상을 품은 마음, 유머를 발휘하는 재능, 인생무상을 받아들이는 태도는 하나만으로 지혜의 특징을 나타내지 못한다. 세 가지가 연결돼야 새로운 심리적 집합체를 형성할 수 있다. 이 심리적 집합체는 그것을 구성하는 몇 가지 정서적·인지적 속성을 넘어서는 것이다. 따라서 지혜는 삶과 세상을 향한 인격의 안정된 태도(즉 유머, 인생무상을 받아들이는 마음, 특별한 의의가 부여된 가치 체계를 인지하는 기능)가 통합적으로 작용해 형성되는 태도라고 정의할 수 있다."

지금까지 어른이 된 아이의 자기애에 생애 초기 3년이 얼마나 중요한지 살펴봤다. 유아기에 엄마와 아이의 관계는 이성 관계에서 정상적인 친밀함을 표현할 줄 아는 정상적 자기애가 있는 어른으로 성숙해가는 능력에 지대한 영향을 미친다.

아이를 나르시시스트로 키우지 않는 방법

❶ 아이와 엄마의 차별성을 강조하고, 개별적인 독립된 사람으로서 아이의 정체성이 커가도록 도와준다.

❷ 생애 초기 3년 동안 아이의 행동에 적절한 한계를 정한다.

❸ 두루뭉술하게 잘한다거나 특별하다고 말하지 말고, 노력으로 얻은 구체적인 성취에 근거해서 적절하게 칭찬하고 찬사를 보낸다.

❹ 옳고 그름을 가르쳐서 아이가 분별 있는 양심을 기르게 한다.

❺ 모든 아이는 자연스레 권능감과 전능감을 느낀다는 점을 이해하되, 이런 감정이 자기애에 발현될 경우 통제력을 잃어 방향이 바뀔 수 있음을 인지한다.

❻ 아이가 자기감정을 조절하도록 도와준다. 그래야 아이가 감정에 압도되지 않고 제대로 감정을 느끼며 표현할 수 있다.

❼ 아이가 정상적인 실패에 직면해 회복력을 얻게 하려면, 아이의 요구가 충족되는 게 현실적으로 지연되고 좌절하고 실망하는 상황을 견디도록 도와준다.

❽ 아이가 독립적인 역할 수행에서 즐거움과 만족을 찾도록 다독인다.

❾ 아이가 다른 사람들의 관점을 인정하도록 도와준다.

❿ 타인을 향한 친절, 정직 같은 성격적 특성을 소중히 여긴다.

⓫ 아이가 자기에게 권리가 있다는 듯 구는 태도와 행동을 보이는지 지켜보고, 그러지 못하게 한다.

⓬ 욕심과 이기심에 대해 이야기 나누고, 남들과 나누는 것을 가르친다.

⓭ 아이가 실수나 실패했을 때 남을 탓하지 못하게 한다.

⓮ 완벽함, 승리, 지나친 터프함을 고집하지 않는다.

그는 왜
자기 말만
할까?

펴낸날 | 초판 1쇄 2020년 9월 25일

지은이 | 로리 홀먼(Laurie Hollman)

옮긴이 | 정미현

만들어 펴낸이 | 정우진 강진영 김지영

펴낸곳 | 도서출판 황소걸음

디자인 | 홍시 happyfish70@hanmail.net

등록 | 제22-243호(2000년 9월 18일)

주소 | 서울시 마포구 토정로 222 한국출판콘텐츠센터 420호

편집부 | 02-3272-8863

영업부 | 02-3272-8865

팩스 | 02-717-7725

이메일 | bullsbook@hanmail.net / bullsbook@naver.com

ISBN | 979-11-86821-48-0 03180